제 2 판

우리는 히스테리 사회에 산다

한국인의 사회적 성격 형성과 과정

강창동

개정의 글

한국인의 사회적 성격을 밝히는 것은 인문사회 학자들에게 오랫동안 매력적인 주제였다. 해방 이후 많은 학자가 이를 분석하기 위해 노력했지만, 아직까지 만족할 만한 연구 성과가 이루어진 것은 아니다. 소수의 성과물도 유교와 가족주의 등의 제한된 관점으로 분석하는 것이 일반적이었다. 한국인에 대한 사회적 이해는 의외로 높은 수준을 요구하기 때문이다. 한국인의 정치, 경제, 사회, 문화, 역사, 철학, 심리 등에 대한 전반적인 이해와 때로는 세밀한 지식 체계가 있을 때, 한국인에 대한 이해의 성숙도를 높일 수 있다.

우연한 기회에 한국인의 히스테리적인 성향에 대한 관심을 가지게 되었다. 정신분석학을 연구하면서 한국인에게만 나타나는 특유의 히스테리 성향이 있다는 것을 알면서 이 책을 구상하게 되었다. 처음에는 가벼운 마음으로 출발했지만, 예상치 못한 장벽이 있었다. 이 책을 마치기까지 때로는 어둠 속을 더듬거리고, 때로는 한 치 앞을 가리는 안개가 걷히기를 기다려야 했다. 한국인에게 히스테리가 나타나게 한 배경을 밝히고 그런 성향들의 진행과 변형 과정을 확인하는 것은 지루하고 힘겨운 작업이었다. 인문사회학의 융합적인 접근과 통섭적인 성찰을 끊임없이 요구하기 때문이다.

한국인 히스테리의 연원과 특징을 밝히는 작업을 마치면서, 이 책은 의도하지 않은 모습으로 나타났다. 오랫동안 염원했던 한국인의 사회적 성격을 밝히고 있었다. 즐거운 당혹감을 경험했지만, 처음의 책에서 히스테리에 집착하여 "우리는 히스테리 사회에 산다"라는 친근하고 쉬운 제목으로 접근하려고 했다. 오히려 히스테리에 대한 부정적이고 불편한 이미지와 막연한 어감으로 인해, 미처 생각하지 못한 오해가 있었다. 이 책의 의도를 분명히 하기 위해 「한국인의 사회적 성격 형성과 과정」이라는 부제를 달았다.

처음의 책을 읽은 독자들은 책이 예상보다 얇아서 단숨에 읽을 것 같지만, 광범위한 내용으로 구성되어 있어서 많은 생각을 하게 하고 재미있으면서 독특한 분석 기준으로 한국인과 우리 사회에 대한 이해를 높인다고 하였다. 아울러 오늘날의 다양한 사회 현상에도 일관된 해석을 제공해주고 있다고 했다.

이 점은 최근의 사례인 "코로나 19"에 대한 한국인의 대처에서도 나타난다. 타인을 배려하는 한국인의 대처 방식에 대해 서구의 일부 전문가들은 독재 사회를 경험한 집단주의 태도라는 황당한 발상과 질투 섞인 폄하를 했다. 한국인의 대처는 이미 책에서 밝힌 IMF 시절의 "금 모으기 운동"과 태안 기름 유출 사태에서 "한마음이 된 국민의 정성"과 유사하다. 시중에서 '한국인은 국난극복의 역사적 DNA가 있다'는 말이 있을 정도다.

실제 한국인은 타인을 존중하지만, 함부로 순종하지는 않는다. 오히려 어려운 상황에서 굴복하지 않고 적극적인 저항을 해 왔다. 한국인은 가혹한 역사 경험이 주는 공동의 아픔인 한(恨)과 이로 인해 서로를 감싸는 정(情)의 문화가 존재하는 동시에 약육강식의 치열한 경쟁에 살아남기 위해 히스테리적인 방식으로 주인이 되려는 성향을 가지고 있기 때문이다. 이 책은 이런 사실의 역사적 근거를 밝히고 있다.

다른 사례를 보면 귀족 자동차인 포르쉐는 코로나 19로 인해 세계적으로 2020년 영업 이익이 40%나 폭락했지만, 한국 시장에서는 88%나 증가하였다. 포르쉐의 체면을 살려준 것은 한국인이었다. 한국인의 경제 여건을 고려하면 기이한 일이다. 이런 상황에 대해 이 책은 벤츠와 BMW 그리고 명품 욕구에 대해 분석을 하면서, 사회 인정에 목말라하는 한국인의 히스테리적인 과시 욕망과 밀접한 관련이 있다고 하였다.

이 책은 시종일관 남보다 앞서고 드러내고 싶은 한국인의 히스테리 성향을 분석하고 있다. 한국인의 성향을 설명하기 위해 권력 히스테리, 출세 히스테리, 가족 히스테리, 과시 히스테리, 명품 히스테리, 갑질 히스테리, 학력 히스테리, 비교 히스테리, 비리 히스테리로 구분하여 폭넓은 사례를 제시하고 있지만, 실제는 사회에 인정받기 위한 경쟁 욕망이 이 모든 히스테리를 관통하고 있다.

한국인에게 사회의 주인이 되려는 히스테리 욕망은 어두운 면도 있지만, 이 책은 거침없이 세계에 진출하여 미래를 선도하는 적극적이고 창의적인 민족적 에너지로 활용할 수 있다는 점을 강조하고 있다. 한국인의 히스테리적인 주인 욕망은 부정적인 면과 긍정적인 면이 동시에 혼재하고 있다는 것이다.

이 책을 준비하는 과정에서 독자의 이해를 돕기 위해 문장 구성을 다듬었고, 약간의 내용을 새롭게 덧붙였다. 체계의 편의성을 위해서는 기존의 제1부를 제7장으로 위치를 바꾸었다. 제7장은 히스테리를 강박증과 함께 설명한 이론적 배경이라서 처음부터 읽어야 할 부분이지만, 일부 독자에게는 다소 생소한 점이 있어 이해의 용이성과 흥미를 높이기 위해 마지막에 두었다. 관심있는 분은 처음부터 제7장을 읽으면 한국인의 히스테리에 대한 이해를 높이는 데 도움을 줄 것이다.

이 책은 히스테리를 빌려서 한국인의 사회적 성격을 분석한 것이다. 기대하지 않은 호응이 있었지만, 기억에 남은 것은 한국인에 대해 다시 생각하게 한다는 것이다. 원래 좋은 책은 읽는 이에게 먼저 영감을 주고, 다음으로 생각하게 하는 것이다. 물론 이 책의 내용이 모두가 옳은 것은 아니지만, 한국인에 대해 조금이라도 생각하게 한다면 저자의 기쁨이 될 것 같다.

2021년 1월 30일
강 창 동

머리말

우연한 자리에서 다양한 주제로 애기를 나누는데, '한국은 히스테리 사회와 같다.'고 하니 후배 학자들이 좋은 생각이라고 하며 책을 쓸 것을 권하였다. 기분에 취해 있어서 어렵지 않고 쉽게 글을 맺을 수 있겠다는 생각이 들었다. 막상 글을 대하니 누구도 가본 적이 없는 길이어서 새로운 글쓰기를 요구하고 있었다. 처음인 학문적 외도라 어려움은 가중되었다. 책이 요구하는 예상치 못한 난이도는 몇 년 동안 머릿속에만 머물게 하였다. 포기하고 싶었지만 무거운 짐이 가슴을 누르며 알 수 없는 빚진 마음이 들었다. 나도 모르게 한국인의 히스테리 성향에 대해 예민하게 반응하면서 관련 자료를 수집하고 있었다. 부담감이 가득한 어려운 길이지만 새로운 지적 자극이 필요하다고 생각하여 용기를 내게 되었다.

히스테리는 신경증의 한 유형이다. 히스테리는 무의식 깊은 곳에 숨어있는 과잉 열등감을 극복하기 위해 선택받은 사회의 주인이 되려는 것이다. 사회의 주목을 받기 위해서는 먼저 타인의 인정을 받아야 한다. 히스테리는 타인의 인정을 받기 위해 타인을 조종하고 타인의 평가에 예민하게 반응하며, 보여주기 과시를 서슴없이 한다. 히스테리는 타인에게 관심받기 위해, 사랑받기 위해, 인정받기 위해 살아가는 가련한 존재다. 히스테리는 끊임없이 타인의 눈치를 보며 타인에게 집착한다. 히스테리는 타인이 없으면 살 수 없는 타인의 노예다.

히스테리 성격은 역사와 사회의 구조적 특징과 밀접한 관련이 있다. 사회의 특성에 따라 역사적으로 축적된 금지와 억압 문화의 성격이 다르기 때문이다. 금지와 억압 구조가 다르면 자연히 히스테리 성격도 달라진다. 히스테리는 역사적이며, 사회적 구성에 따라 달라진다. 나라마다 히스테리의 사회적 표현에는 차이가 있다. 히스테리는 자연 환경과 사회 환경 그리고 역사 환경의 함수 관계에 따라 그 양상은 달라지지만, 그 본질은 대타자인 사회에게 잘 보여서 선택받은 주인이 되려는 것에는 변함이 없다.

한국인 히스테리는 우리의 자연 환경과 사회 환경 그리고 역사 환경과 밀접한 관련을 맺고 있다. 좁은 공간의 지리적 배경, 긴 겨울의 자연적 배경, 가혹한 시련의 지정학적 배경, 성리학의 이념적 배경, 가족주의의 문화적 배경이 한국인 히스테리의 성격 형성에 일관된 영향력을 행사했다. 이런 배경 요인들은 한국인을 타인을 지나치게 의식하게 하고, 평등의식이 강해서 사회 차별에 민감하게 하고, 사회의 주인으로서 주목받고 싶어 하게 하고, 보여주기 과시와 감정의 폭이 넓은 히스테리 특징을 가지게 하였다.

한국인 히스테리의 일상적인 특징에는 사회 체면과 눈치 그리고 뒷담화, 유행에 따른 민감한 옷차림 변화, 사소한 무시에도 예민한 반응, 약자를 무시하는 태도, 가까운 사람을 쉽게 인정하지 않은 성격, 큰 소리로 싸우는 다혈질적인 열정, 지나친 감정적 대응, 과도한 경쟁 의식, 강한 평등 의식, 명품과 수입 자동차의 과시적 구매, 성형을 통한 사회적 자기표현 등이 있다.

한국인 히스테리를 어떻게 볼 것인가라는 문제가 제기된다. 인간은 궁극적으로 신경증을 벗어날 수가 없다. 사회 속에서 신경증 자체는 장·단점이란 양면의 얼굴을 가지고 작동한다. 역사적으로 형성된 한국인 히스테리도 우리 사회를 움직이는 힘으로 작동하였다. 사회 에너지로서 한국인 히스테리는 해석하기에 따라 장·단점이 공존하고 있다.

장점은 강한 평등 관계의 주인의식, 역사의 거친 시련의 생존 경쟁력과 감정적 동질감, 좁은 공간의 잦은 접촉으로 인한 의례의 중시 등이 있다. 단점은 편협한 경쟁 의식, 형식적 체면주의, 가족주의적인 내로남불 의식, 타인에 대한 질투와 뒷담화, 사치와 허영을 통한 과시 욕구 등이 있다. 이런 한국인 히스테리는 오늘날 우리 사회를 있게 한 에너지의 원천이었다. 한국인 히스테리의 성격은 그 장·단점만큼 우리 사회의 밝은 면과 어두운 면이 공존하게 하는 민족 에너지로 작동하였다.

그러면 한국인 히스테리를 자세히 파악하여 우리 사회를 밝히는 긍정적인 미래 에너지로서 활용해야 한다. 미래 에너지로서 한국인 히스테리를 심리적 근원인 열등의식을 창의적 에너지로 전환해야 하며, 사람과의 경쟁보다 성과에 대한 경쟁을 유도해야 하며, 학력(學歷) 같은 형식보다 내용을 평가하는 능력 사회를 도모해야 하며, 감성적 공감 능력을 높은 수준의 문화 자본으로 변화시켜야 한다. 장·단점이 공존하는 한국인 히스테리를 미래 사회를 밝히는 긍정적인 민족 에너지로서의 활용은 앞으로 우리 사회가 적극적으로 고심해야 할 몫이라고 할 수 있다.

이 책은 '7부와 부록'으로 구성되어 있다. '제1부'는 히스테리에 대한 심리학적 기본 이해를 도모하기 위한 것이다. '부록'은 히스테리에 대한 깊은 이해를 위해 라캉(Lacan)의 정신분석학을 기반으로 욕망의 탄생에서 히스테리 신경증까지 심층적인 논의를 하였다. 라캉 이론은 전문가에게도 쉽게 문을 열어주지 않는, 굉장히 난해하기로 유명하다. 이런 라캉 이론을 일반 대중에게 소개하기 위해 최대한 쉽게 쓰려고 노력하였다. 난해한 라캉 이론을 쉽게 풀어 쓴다는 것은 창작의 고통을 따르게 하였다. '제1부와 부록'은 다소 전문적 내용으로 구성되어 있어서 관심이 적으면, 제2부부터 읽어도 한국인 히스테리를 이해할 수 있다.

제2부와 제3부는 한국인 히스테리의 발생 배경과 일반적인 특징을 서술하였다. 제2부부터 읽어도 한국인 히스테리의 사회적 실체를 이해하는 데 도움이 될 것이다. 제4부~제6부는 총 9개 사례의 특징을 분석하였다.

제4부는 역사 속의 히스테리로서 성리학의 후계자가 되고 싶은 권력 히스테리, 과제를 통해 신분 상승을 꿈꾸는 출세 히스테리, 가문의 명예를 지키고 싶은 가족 히스테리로 구성하였다.

제5부는 사회 속의 히스테리로서 존재감을 자랑하고 싶은 과시 히스

테리, 신분 차이를 확인하고 싶은 명품 히스테리, 우월성을 대접받고 싶은 갑질 히스테리로 구성하였다.

제6부는 문화 속의 히스테리로서 사회의 인정을 받고 싶은 학력 히스테리, 존재의 열등감을 자극하는 비교 히스테리, 특별한 대우를 받고 싶은 비리 히스테리로 구성하였다.

제7부는 한국인 히스테리의 명과 암에 대한 것으로 한국인 히스테리가 사회 에너지로 작용하고 있는 것을 분석하였다. 한국인 히스테리가 미래사회를 움직이는 창조적이며 긍정적인 에너지로서의 방향을 모색했다.

이 책은 이해를 돕기 위해서 총 10편의 시를 인용했다. 9편은 2016년에 출간된 필자의 시집인 「시간의 가장자리」에서 발췌했으며, 다른 한 편은 미간행된 것이다.

이 책이 나오기까지 많은 사람의 도움이 있었다. 한경대학교의 교육심리학 전공의 정미경 교수님은 바쁜 일정에 불구하고 내용의 편성과 보완에 이르기까지 자신의 일처럼 전문적 조언을 주었다. 지젝(Žižek)과 순자(荀子)의 교육사상을 연구하는 마상룡과 이유정 선생님 그리고 북한 교육을 연구하는 김혜진 선생님은 이 책의 전개와 구성에 대한 세밀한 검토와 더불어 미묘한 내용에 대해서는 흔쾌히 토론에 응해주어 책의 완성도를 높일 수 있었다. 마지막으로 우리 사회의 이웃에 관심 있는 분들이 이 책을 통해 조금이라도 성찰할 기회가 마련됐으면 한다.

2019년 4월 30일
강 창 동

차 례

제1장 한국인 히스테리의 발생 배경

제2장 한국인 히스테리의 사회적 특징

제6장 한국인 히스테리의 명과 암

제7장 히스테리의 정신분석학적 이해

부록. 신경증과 히스테리의 발생과 구조

제1장

한국인 히스테리의 발생 배경

제1장

×

한국인 히스테리의 발생 배경

1. 일상에서의 한국인 히스테리

요즈음은 많이 변했지만, 누구나 초등학교 시절에 한 번쯤 겪어 본 일이다. 오래전에 어른들은 초등학생에게 커서 무엇이 되고 싶으냐고 종종 묻곤 하였다. 곰곰이 생각하여 장래에 경찰이 되고 싶다고 대답하면, 여지없이 어른들은 실망한 표정을 지었다. 가까운 친인척은 최소한 장관이 될 때까지 꿀밤을 때리곤 하였다. 꿈은 커야 한다는 것이다. 좋게 말하면 성취동기를 자극하는 것이다.

유년 시절의 친구들은 어른들을 만족시키기 위해 대통령, 국무총리, 장관, 판·검사, 대학 교수, 과학자 등으로 주로 사회적으로 높은 지위를 대답했다. 어른들은 그 녀석 꿈 한번 야무지다고 칭찬을 해주곤 하였다. 어른들이 요구한 꿈은 코헛(Kohut)의 현실 자기를 무시한 자기애적인 '과대 자기'를 가지라는 것이다. 어린 눈으로 볼 때도 친구들의 꿈은 도저히 성취하기 어려운 무모한 것이었다. 사실 대부분의 친구는 어른들을 즐겁게 하기 위해 어른들에 의해 강요된 꿈을 얘기했던 것이다.

나중에 여기에 대해 의문이 들곤 하였다. 우리 사회의 어른들은 인위적으로 초등학생들에게 높은 지위에 집착하는 꿈을 유도하느냐이다. 가정 형편이 매우 어렵거나, 학업 능력이 떨어져도, 사회적 재능이 없어서 객관적으로 원하는 꿈을 이루기 어려워도 어른들은 어린 학생에게 맹목적으로 높은 지위의 꿈을 가질 것을 강요했다. 꿈은 구체적이며 목적 지향적이어야 하며 클수록 좋다는 것이다. 과정이 없는 목적 지향적인 꿈은 결과주의를 정당화하고 자존감을 상실하게 할 가능성을 가지고 있다.

외국의 경우는 우리와 아주 다르다. 오래전 미국의 빈민촌 흑인 아동이 백

방시혁과 꿈

21세기 비틀스라는 BTS(방탄소년단)를 키워낸 방시혁 대표의 2019년 2월의 서울대 졸업식 축사는 꿈에 대해 많은 시사를 한다. 그는 구체적이거나 원대한 어떤 꿈을 꾸지 않았지만, 자신을 이끈 것은 가슴에 있는 작은 불만이 분노가 되어 이 분노가 긍정적인 성과라는 승화를 이끌었다고 한다. 그는 우리의 상식과 달리 특별한 꿈을 꾸지 않았다. 사실 어린 학생의 꿈은 자신을 정확히 알고 미래를 설계해야만 가능하다. 평생을 보내도 자신을 아는 것은 어른들에게도 버거운 일이다.

어린 학생에게 꿈을 강요하는 것은 무거운 인생의 짐을 지게 하여 괄호 속에 사고를 갇히게 할 수 있다. 꿈을 가지는 것은 좋지만, 꿈에 구속되지 않고 다른 길을 갈 수 있도록 꿈은 열어 두어야 한다. 방시혁 대표는 꿈은 없었지만 자유로움 속에 끊임없는 성찰을 통해 불만을 분노로 이해한 것이다. 겸손하고 평범한 듯한 그의 축사는 인생에 대해 날카롭고 지혜로운 통찰력을 담고 있다.

개인이 좋아한 자연스러운 꿈은 바람직하지만, 사회의 강요에 의한 꿈은 마음을 구속하는 것이다. 그런데 우리 사회는 어린 학생에게 꿈을 강요하고 있다. 어린 학생들이 꿈이 없으면 무능한 사람으로 취급받을 수 있다. 꿈도 경쟁하고 있다. 우리의 어린 학생들은 어른들에 의해 강요된 꿈을 가질 수밖에 없다.

만장자가 되고 싶다면, 백인 어른들은 그 꿈은 합리적이지 못하다고 생각하여, '너 미쳤니'라고 하였다. 문화의 차이라고 하지만, 어린 학생의 꿈을 대하는 어른의 태도가 우리 사회와 매우 다르다.

캐나다에서 초등학교 시절을 보낸 지인의 자녀에 따르면, 캐나다 초등학생의 꿈은 소방관 등과 같이 타인에게 도움이 되는 사람이 되는 것을 당연하게 여긴다고 하였다. 당시 4학년인 지인의 자녀는 우리의 꿈과 너무 달라 신선하고 가벼운 충격을 받았다고 한다. 캐나다 학생들의 꿈은 어렸을 때부터 지위, 권력, 부라는 세속적 꿈을 실현하기 위해 치열한 경쟁을 감수하는 우리 사회의 꿈과 많은 차이를 보인다.

우리의 어린 학생들의 꿈은 어른들에 의해 만들어진 강요된 꿈이라고 할 수 있다. 어른들은 한결같이 객관적이고 합리적이지 못한 꿈을 추구하게 한다. 어른들은 초등학생에게 꿈을 이루기 위한 사회 경쟁을 암묵적으로 압박한다. 어른들의 강요된 꿈은 사회적으로 높은 지위의 사람이 될 것을 원한다. 어떤 형태든지 사회에 영향을 미치는 사람이 되라는 것이다.

강요된 꿈에는 한국의 계급적 위계 문화에서 높은 지위를 차지할 것을 요구하는 현실적인 경쟁 풍토가 반영되어 있다. 초등학생의 꿈은 우리 사회의 치열한 경쟁 풍토를 반영한 어른들의 꿈이 투사된 것이다. 이 꿈은 타인과의 세속적 경쟁에서 우월한 위치를 차지하여 사회의 주목을 받는 사람이 될 것을 은근히 요구하고 있다. 어린 시절부터 치열한 경쟁을 강요하는 한국의 사회문화는 타인을 경쟁 상대로 의식하게 한다. 또한 타인을 지나치게 의식하게 하는 히스테리적인 경쟁 심리를 내포하고 있다.

히스테리적인 경쟁 심리는 '사촌이 땅을 사면 배가 아프다.'는 우리의 속담에도 잘 나타나 있다. 이 속담은 세계에서 한국에만 있는 속담으로, 한국인 특유의 히스테리적인 경쟁 심리의 민낯을 제대로 보여준다. 이 속담은 한국 고유의 문화적 정서를 내포할 수밖에 없다. 이 속담은 남이 잘되는 것을 보지 못하고, 질투하거나 깎아 내리는 고약한 심성을 보여주고 있다. 한국인에게 '배고픈 것은 참아도, 배 아픈 것은 못 참는다.'는 말이 있을 정도다. 어느 나라든지 타인과의 경쟁 심리가 있기 마련이지만, 이 속담은 그 정도가 지나치다고 할 수 있다.

이 속담의 핵심은 경쟁 상대가 지근거리에 있는 가까운 친인척이라는 것이다. 가까운 사람일수록 경쟁 정도가 심해진다는 것을 의미한다. 가까운 사람은 자기와 직접적인 비교 대상이 되기 때문이다. 가까운 사람이 잘되면 축하해야 하는데, 한국인의 내면은 오랫동안 알고 지낸 가까운 비교 대상이 잘되는 것에 대해 매우 불편한 감정을 가진다. 사실 지근거리에 있는 친척, 이웃, 친구, 동문, 동료 등과 같이 오랫동안 잘 아는 지인들은 자신도 모르게 서로의 비교 대상이 되면서 무의식적으로 강한 경쟁 심리를 가지게 된다.

한국인들은 가까운 거리에 있는 사람들의 장·단점은 물론 가족 문화, 개인의 능력, 재산, 습관, 취미 등을 세밀히 알기 때문에 상대방이 자기보다 우월한 사람이라고 해도 인정하지 않으려고 한다. 오래되고 가까운 지인일수록 수평적인 평등 관계로 인식하는 경향이 강하다. 가까운 사람은 사회적 신비감이 작동하지 않기 때문이다.

조직의 구성에서도 큰 차이가 없다. 조직원 간에 권력 거리가 멀면, 큰 조직의 대다수 동료는 서로의 개인 정보를 잘 알지 못하여 피상적인 존재가 된다. 잘 모르는 서먹한 동료에 대해서는 경쟁 심리가 약화된다. 반면 조직원 간에 권력 거리가 가까운, 작은 조직의 대다수 동료는 서로의 개인 정보를 잘 알고 지내는 구체적인 존재가 된다. 잘 아는 친밀한 동료에 대해서는 동등한 유대감을 가지게 된다. 일상의 잦은 접촉과 친밀한 관계를 통해 너와 나는 큰 차이가 없다는 평등한 의식이 형성된다. 권력 거리가 가까운 상황에서 구성원들이 적대 관계가 형성되면 너무 잘 알아서 치열하게 경쟁할 가능성이 커지게 된다. 한국인들은 공간적으로 비교적 가까운 거리에서 사회 관계를 형성하기 때문에, 서로에 대한 경쟁, 견제, 시기를 지나치게 표현할 때가 많다. 이런 현상은 외국의 교포 사회에서도 나타나고 있다.

2013년 미국에서 방문교수로 지낼 때 경험한 일이다. 미국의 동부를 여행하는 도중에, 관광버스 안내인이 한국인 관광객을 상대로 경쟁사인 한인이 운영하는 관광 회사를 잔인하고 몰염치한 기업으로 노골적으로 폄하하였다. 자신의 관광 회사가 잘되니까 취업 비자가 없는 한국 유학생을 아르바이트 안내인으로 고용한 것을 미국 경찰에게 고발하여 큰 곤욕을 치렀다는 것이다. 서부 여행 때도 이와 매우 유사한 경험을 하였다. 옳고 그름을 떠나 먼 이국의 외로운 생활을 하는 한인 교포들 입장에서 서로를 위로하고 도와주어도 부족한 상황인데, 오히려 가까운 한인 교포를 경쟁 상대로 여기는 것을 보고 뒷맛이 개운치는 않았다. 미국에서 한인 교포들이 서로 견제하는 이런 현상은 종종 들을 수 있는 특별한 일은 아니었다.

1970 · 80년대에 미국에서 한인들의 가발 사업이 번창할 때가 있었다. 한국인들은 번창하는 가발 가게가 있으면 가까운 곳에서 가발 가게를 연다고 한다. 자연히 한국인끼리 출혈을 감수하는 심각한 경쟁을 하여, 나중에 서로 원수가 되는 불행한 일이 일어난다. 결국 두 가게는 문을 닫게 된다. 이런 현상은 가발 가게만 국한된 것이 아니라, 다양한 영역에서 비슷하게 나타났다. 이런 사례들을 보면, 안타깝게도 한국인의 경쟁 상대는 가까운 한국인이다. 한국인의 적은 한국인이 된다. 한국인은 가까울수록 치열한 경쟁을 한다는 점에서 씁쓸할 뿐이다.

LA에 사는 어떤 한인 사장은 한국식의 독특한 인테리어 공사로 큰 돈을 벌었지만, 저승사자보다 무섭다는 미국의 국세청에 고발되어 엄청난 곤욕을 치렀다. 인테리어 공사에서 하청업자가 고용한 불법 체류자가 문제가 되었다. 하청업자가 고용한 불법 체류자는 실제 식별하기가 매우 어려우며 일반적으로 통용되는 것임에도 불구하고, 사업이 잘되는 것을 시기한 어떤 한인 교포가 몰래 국세청에 투서한 것이다. 큰 충격을 받은 인테리어 사장은 이사를 하여 한국인과 가능한 한 멀리 떨어져 산다고 한다. 사실 주위에서 이와 비슷한 사례를 종종 들을 수 있었다.

물론 1993년에 발생한 LA 흑인 폭동 때에 한인들은 강한 결속력을 통해 위기를 극복한 모범 사례도 있다. 그러나 일반적으로 한인 교포들 간에 경쟁 심리가 지나치게 작용하고 있는 것은 부인할 수 없는 일이다. 사촌이 땅을 사면 배가 아프다는 속담이 그대로 적용된다. 불행하게도 외국에서 한국인의 경쟁 상대는 한국인이다. 한국인은 가까운 한국인을 견제하는 히스테리 증상을 보인다.

2. 한국인 히스테리의 배경 요인

한국인은 칭찬에 인색하고 시기와 질투하는 히스테리 심리는 어떻게 생겼을까 하는 의문이 든다. 사촌이 땅을 사면 왜 배가 아픈가. 가까운 사람을 견제하는 한국인 특유의 히스테리 심리는 어떻게 형성됐는가. 사실, 이런 한국인의 히스테리 심리를 분석하는 것은 쉬운 일은 아니다. 한국인 히스테리 심리의 기반에는 지리적 배경 요인, 자연적 배경 요인, 지정학적 배경 요인, 이념적 배경 요인, 문화적 배경 요인이 복합적으로 존재하기 때문이다. 개인적으로 이러한 한국인 히스테리의 배경 요인을 다음과 같이 정리하고자 한다.

가. 70% 산지로 인한 좁은 공간의 지리적 배경

한국의 국토는 오랜 침식과 풍화 작용으로 인해 높은 산지가 많지는 않지만, 산지가 차지하는 비중이 매우 크다. 산지가 많다는 것은 평지가 적다는 것을 의미하며, 불리한 산악 환경으로 좁은 면적의 평지에서 사람들은 공간적으로 매우 가깝게 지낼 수밖에 없다. 좁은 공간에서 오밀조밀하게 살게 되면 불가피하게 생활공동체라는 공동의 경험을 유지하게 된다.

공동의 경험은 인적 교류를 활성화한다. 자연히 좁은 공간에서 거주하는 사람들은 사회적 의사소통 거리가 짧아서 친밀한 관계를 가지게 된다. 좁은 공간은 사회의 인적 교류를 촉진하여 이웃에 대해 많은 정보를 알게 한다. 한때는 이웃집의 숟가락과 젓가락 수를 알 정도였다. 이는 좁은 공간의 생활공동체에서 얼마나 가깝게 지내고 있는지를 상징적으로 보여주고 있다.

생활공동체에서 공동의 경험을 한 이웃들은 잦은 접촉으로 인해 서로를 너무 잘 알기 때문에 심리적으로 동등한 관계로 인식한다. 이웃의 장·단점, 가족 관계, 능력, 재력 등에 대한 세밀한 정보를 가지고 오랫동안 함께 거주하게 되면, 무의식적으로 이웃들 간에는 사회적으로 큰 차이를 느끼지 못한다. 좁은 공간의 수평적 평등 의식은 심리적 착각이 빚어낸 환상에 불과하지만, 현실적으로 실제의 영향력을 발휘한다는 것이다.

'사촌이 땅을 사면 배가 아프다.'는 것은 사촌은 매우 가까운 친인척이며 동시에 공간적으로 가깝다는 것을 암시하고 있다. 공간적으로 가까워지면 심리적으로도 친밀감을 느끼게 된다. 공간적·심리적으로 가깝다는 것은 그만큼 상대방을 매우 잘 알고 있으며, 이웃들 간에 암묵적으로 자신과 큰 차이가 없는 동등한 사회 관계를 전제하게 한다.

동등한 관계라는 인식에서 이웃이 자신보다 사회적 우위에 있게 되면, 자신의 직접적이며 구체적인 비교 대상의 기준이 되어 시기와 질투라는 견제와 경쟁 심리가 작동하게 된다. 역으로 믿었던 사람이나 가까운 사람이 배신하면 더욱 아프게 다가오는 것과 비슷한 맥락이다. 국가 차원에서도 큰 차이가 없다. 역사적으로 볼 때, 지리적으로 가까운 나라가 친해지는 것이 아니라 필요 이상으로 시기와 견제가 이루어지며 심지어 원수가 되어 치열한 경쟁을 하는 것과 같다.

오랫동안 좁은 공간에서 친밀하게 함께 살면서 형성된 수평적 평등 의식은 이웃이라는 실제적인 비교 대상에 집착하게 한다. 좁은 공간은 서로에 대한 관심을 커지게 하며, 서로에 대한 평가인 뒷담화를 지속적으로 부채질하는 환경적 기반으로 작용한다. 좁은 공간은 평등한 위치에서 공동체적인 협력을 촉진하는 장점이 있지만, 이웃 간에 사회적으로 불평등한 위치에 있을 때는 히스테리 비교를 통해 경쟁 심리를 부추기는 단점으로도 작용할 수 있다. 오랫동안 좁은 공간에서 함께 거주한 사람들은 이웃의 눈치를 의식하면서 무의식적으로 비교·경쟁하는 히스테리 심리를 가지게 된다. 오늘날에도 이런 히스테리 성향은 큰 차이를 보이지 않는다.

나. 긴 겨울을 가진 사계절의 자연적 배경

1961년 5·16군사정변까지 우리의 경제는 거의 농업에 의존하였다. 1950년대에 소와 논밭을 팔아서 학자금을 마련한다는 의미로 대학의 상아탑(象牙塔)을 우골탑(牛骨塔)으로 불렀다. 이런 상황은 한 나라의 경제 기반인 농촌 경제를 붕괴시킨다는 의미로 심각하게 '대학망국론'으로 불리기도 하였다. 대학 등록금이 한 나라의 경제를 망칠 정도면, 우리의 생활이 얼마나 궁핍했는지를 우회적으로 보여준다. 1953년의 한국은 아프리카의 소말리아 수준이었다. 1960년의 1인당 국민소득(GNP)은 80달러 정도여서 세계에서 가장 낙후된 나라 중에서도 거의 끝자락에 있었다.

해방 이후, 우리의 경제 상황은 매우 궁핍했다고 하지만, 일제강점기와 조선 시대에도 혹독한 가난을 벗어나지 못하였다. 일제강점기의 우리 국민들은 조선총독부의 가혹한 수탈로 인해 경제적으로 매우 궁핍한 생활을 견디어야 했다. 조선 시대의 피지배계 층은 비참한 굶주림을 이기기 위해 떠돌이 생활을 주저하지 않았 다. 혹독한 가난의 배경에는 긴 겨울의 계절적 환경이 있었다.

우리나라는 사계절이라는 뚜렷한 장점이 있지만, 생존을 위 해 긴 겨울을 견디어야 하는 단점도 가지고 있다. 사계절의 환경 적 불리함을 극복하기 위해, 그동안 16세기 말에서 17세기에 도입 된 이모작을 통해 극심한 빈곤을 해소하려고 했지만, 일반 백성은 여전히 굶주림을 벗어나기 어려웠다.

정약용은 「굶주리는 백성」이란 장문의 시에서 참혹하다 못해 지옥의 구렁텅이에 빠진 것처럼 일반 백성의 사지(四肢)를 찢을 듯 한 흉포한 굶주린 생활을 생생하게 묘사하고 있다. 이런 상황을 대표적으로 설명하는 실제적이며 상징적 단어가 '보릿고개'이다. 이모작은 보릿고개의 참상과 직접적인 관련이 있다.

이모작은 주로 논에서 여름에는 벼를 재배하고, 가을에 보리 를 심어 봄에 수확하는 것이다. 지난해에 수확한 벼가 떨어지면 다음 해 봄까지 보리 수확을 기다려야 한다. 4월~5월이 되면 춘 궁기가 되어 속수무책으로 극심한 굶주림에 시달려야 한다. 조선 시대의 춘궁기에는 남녀노소를 막론하고 백성들이 산에서 소나무 껍질을 벗겨서 마을과 가까운 야산은 거의 벌거숭이를 만들었다고 한다.

혹독한 가난은 전국에 걸쳐 광범위하게 퍼져 있었다. 이런 굶 주림 현상을 가장 절박하게 표현한 말이 '똥구멍이 찢어지게 가난 하다.'는 것이다. 이 말은 춘궁기인 보릿고개의 굶주림을 메우기 위해 구황식물인 소나무 속껍질을 삶아서 먹었고, 그것이 장내에서 딱딱하게 굳어져 배변 때에 똥구멍을 찢어지게 아프게 한 것을 비유한 것이다. 똥구멍이 찢어지게 가난하다는 것은 우리 민족의 깊은 애환을 담고 있으며, 우리 민족의 삶이 얼마나 모질고 고달 팠는지를 우회적으로 표현해주고 있다.

그래서인지 우리의 인사말에는 세계에서 찾아보기 어려운 "밥"과 관련된 말들이 있다. '밥 먹었냐', '밥 한번 먹자', '밥 더 먹어라', '밥값 해야지', '밥은 먹고 다니냐', '목구멍에 밥이 넘어가냐', '밥을 그렇게 먹고 이렇게 밖에 못해' 등이다. 이 말들은 밥이 사회 생활의 기준이 될 정도로 밥의 소중함을 표현하고 있다.

보릿고개의 굶주림이 지속하는 동안, 밥은 우리에게 절박한 생존의 문제였으며, 우리의 일상 삶을 지배하는 매우 귀중한 존재였다. 굶주림에서 벗어나게 하는 밥을 타인과 함께 나눈다는 것은 함께 생명을 유지하는 것과 같다. 자연히 귀한 밥은 귀한 손님에게나 나눌 수 있는 것이다. 그렇게 세월이 흘렀는데도, 당시의 처절한 굶주림의 고통이 밥의 인사말을 통해 아직도 우리의 무의식에 깊게 투영되어 있다.

박정희 정권은 1970년대에 보릿고개의 굶주림을 극복했다고 홍보했지만, 사실 1980년대에 들어서야 보릿고개에서 완전히 벗어날 수 있었다. 보릿고개는 끝을 알 수 없는 한여름의 뙤약볕을 온몸으로 받는 것처럼 지긋지긋하고 긴 가난이었다. 일제강점기의 가혹한 수탈과 전 국토를 쑥대밭으로 만든 6·25전쟁의 참혹한 경험을 하면서, 1960·70년대의 새마을 운동, 베트남 파병, 중동 근로자 파견 등은 보릿고개의 가난을 벗어나기 위한 역사의 몸부림이었다.

하물며 이모작 도입 이전에는 궁핍한 생활이 더욱 혹독했을 것이라는 생각이 든다. 우리 조상은 자연적인 생활 경제 기반이 매우 허약하여, 일차적인 욕구를 해결하기 위해 치열한 생존 경쟁을 구조적으로 감수해야 했다. 좁은 공간에서 먹고 살기 위한 처절한 몸부림은 백성들 간에 극심한 사회 경쟁 상태로 몰아넣게 하였다. 이런 경쟁 상황은 타인보다 우위에 서기 위해 권력에 집착하게 하고 사회적 과시를 조장하게 한다. 이모작이 가능했지만, 여전히 긴 겨울의 사계절 특성은 일상생활에서도 혹독한 굶주림을 극복하기 위한 사회 경쟁을 치열하게 만들었다. 사계절의 불리한 구조적 특성은 일차적인 생활 경제를 해결하기 위한 사회 경쟁을 부채질하여, 일상생활에서 타인을 의식하게 만드는 히스테리 경쟁 심리가 생기는 원인으로 작용하였다.

다. 역사의 가혹한 시련을 겪게 한 지정학적 배경

한국은 지정학적 요인으로 인해 세계의 어느 나라보다 전쟁과 시련을 오랫동안 겪은 나라 중의 하나다. 왜구의 침략부터 크고 작은 전쟁을 포함하여 한국은 유사 이래 수많은 외침을 받았다. 내전까지 합치면 우리의 역사는 불행하게도 거의 전쟁의 연속이었다. 학교에서는 오천 년 역사 동안 침입 한 번 하지 않았고, 평화를 사랑한 은근과 끈기의 민족이라고 자랑스럽게 가르친다. 맞아도 참아야 한다는 약소국의 설움을 대변하는 자학사관과 다를 바 없다. 그만큼 우리 민족은 외세의 가혹한 수탈을 견디어야 했다.

우리 민족은 역사적으로 많은 시련을 겪었다. 가까운 전쟁 중에 우리의 시련을 극명하게 보여주는 사건은 임진왜란과 병자호란

이다. 양란(兩亂)은 오늘날에도 역사의 잔영이 남을 만큼 사회의 지
각 변동을 초래한 전쟁이었다. 임진왜란 당시의 끔찍한 참상은 아
비규환과 다를 바가 없었다.

유성룡은 도성 안에 생존해 있는 사람들도 모두 굶주리고 피
폐하여 얼굴빛이 귀신이나 다름없었다고 한다. 명나라 군인이 술
에 취해 구토한 것을 먹기 위해 많은 사람이 몰려와 핥아먹었는
데, 힘이 약한 사람은 밀려나서 눈물만 흘렸다고 한다.

선조실록에 의하면 쓰러져 있는 사람이 길에 가득하고 썩어
가는 인육이 하천을 막을 정도며, 살아 있는 사람들의 모습은 도
깨비와 같았다고 한다. 당시에 사람 고기를 먹는 것을 아무렇지
않게 여기고 길바닥에 굶어 죽은 사람의 시신을 베어 먹었다. 그
것도 모자라 산 사람을 도살하여 장위뇌수(腸胃腦髓)도 살과 함께 씹
어 먹었으며, 부자와 형제 간에도 서로 잡아먹는 일이 있었다고
한다(국사편찬위원회, 1995: 145–146).

사람들은 살아남기 위해 인육이라도 먹어야만 했고 짐승이
되는 것을 멈추지 않았다. 심지어 징비록(懲毖錄)에서는 부자와 부
부가 서로 잡아먹었는데, 해골만 곳곳에 잡초처럼 드러나 있었다
는 참담한 현실을 전하였다(유성룡, 1604: 218). 당시의 현실은 굶주림
과 목마름에 시달리는 아귀가 사는 지옥의 세계였다.

임진왜란과 관련된 이태원은 우리의 가슴을 저미게 하는 슬
픈 역사를 담고 있다. 이태원은 여러 기원이 있지만, 그중에 유력
한 설이 다를 이(異)와 아이 밸 태(胎)의 합성어다. 임진왜란 중에
왜군에 의해 원치 않은 임신을 한 여인들이 집에서 쫓겨나자, 갈
곳 없는 이들의 해산을 위해 조정에서 집단으로 정착하게 도와준

곳이 이태원(異胎院)이다. 자연히 이태원은 이민족의 피가 섞인 자녀들이 모여 사는 곳이 됐다. 나중에 한자가 달라졌지만, 지금의 이태원은 아이러니하게도 외국인이 많이 찾는 장소가 됐다.

병자호란은 임진왜란보다 더 모질고 고통스러웠다고 한다. 인조의 뼈아픈 무능으로 두 달도 되지 않고 항복한 대가로 청나라에 끌려간 사람이 60만 명 이상이었으며 여자는 30만 명이 넘었다. 대다수의 사람들은 노예 시장에서 수치스러운 가격 흥정을 통해 노예로 팔려가서 짐승 같은 굴욕적인 삶을 살았다. 당시 조선의 인구가 약 천만 명이었으니 친인척 중에 한 명이 포함될 정도였다. 지금도 그 고통이 전해지는 것 같다.

성리학의 편협한 사대부들은 겁탈을 당해 임신한 몸으로 목숨을 걸고 탈출한 여인들을 차갑게 외면하고, 오히려 환향녀(還鄕女)인 화냥년이라고 비하했다. 「경국대전」의 "정절을 잃은 부녀자의 가문은 대대로 문과에 응시하거나 요직에 등용될 수 없다."라는 어처구니없는 규정은 이런 상황을 더욱 악화시켰다. 충신은 두 임금을 섬기지 않고 열녀는 두 남편을 섬기지 않는다는 성리학의 비겁한 논리를 내세운 사대부들은 천신만고 끝에 돌아온 자신의 며느리도 잔인할 정도로 외면했다.

사대부 남자들의 무능이 만든 전쟁의 희생자인 환향녀라는 조선의 여인은 전생(前生)의 업보에서도 겪기 힘든 쓰고 쓴 인내를 감내해야 했다. 당시의 사대부들은 우리의 조상이라고 말을 꺼내기가 어려울 정도로 수치스럽고 비굴했다. 그들은 자신이 만든 지옥에서 살아남은 조선의 여인들이 낳은 자식을 호로자식(胡奴子息: 오랑케 노비의 자식)이거나 후레자식(홀어머니 밑에서 배우지 못하고 버릇없이 막돼먹은 자식)이라고 매몰차게 냉대했다. 이 당시 40년 동안 임진왜란, 정유재란, 정묘호란, 병자호란이라는 무려 4번의 전쟁이 일어났다.

연이은 참혹한 전쟁을 겪은 것도 모자라, 16세기에서 18세기 중반에 이상 저온과 냉해가 세계적으로 발생한 역사상 가장 끔찍한 자연재해인 소빙하기(小氷河期)가 덮쳤다. 소빙하기는 현종 대에 140만 명의 인명 피해를 낸 경신대기근과 숙종 대에 400만 명 이상의 인명 피해를 낸 을병대기근을 초래했다. 숙종 대는 전체 인구의 25%가 인명 피해를 봤다.

당시의 상황은 굶주림을 이기지 못해 다른 사람의 시신뿐만 아니라 어린 자식의 인육을 먹었을 정도다. 참혹한 전쟁과 끔찍한 자연재해 속에서 우리 백성은 살기 위해 거칠고 모진 경쟁을 주저할 수가 없었다. 적자생존의 절벽 끝에서 발끝을 올리고 벌거숭이 몸으로 시퍼렇게 날이 선 역사의 시련을 견뎌야만 했다.

양란과 소빙하기를 거쳤지만, 역사의 풍파는 삼각파도처럼 계속 밀려왔다. 조선 후기는 사회 혼란과 신분 혼란이 심해지자, 삼정문란 같은 양반 사대부의 가렴주구가 극심하였다. 온몸으로 막아선 일반 백성은 역사의 피명을 피할 수가 없었다. 조선 후기에는 병인양요와 신미양요 등을 거치면서, 누적된 사회 모순이 터진 동학혁명이 일어났다. 윤치호는 그의 일기(1883.12.2.)에서 조선 후기의 피폐한 상황을 매우 비통하게 바라보았다.

벼슬아치는 탐욕에만 힘써서 백성들은 굶주렸다. 전폐(錢幣)가 불안하여 물가는 뛰어 올랐다. 정부는 백성을 안정시키는 조치는 취하지 않고 뇌물만을 탐냈다. 백성들은 입에 풀칠할 곡식이 없는데도 부역에 시달려야 했다. 조정에는 소인(小人)들이 가득하여 사욕만을 취하고 있었다. 척신과 환관들은 권세를 이용하여 관직을 팔았으며, 지위 고하를 막론하고 그들의 이익만을 취해서 관민이 모두 피폐해졌다. 우리 백성들의 도탄이 지금처럼 심할 때가 없었다.

조선 후기의 백성들은 역사의 거친 부침과 직접 마주해야 했다. 조선 후기에 일어난 가혹한 역사의 여파는 우리 민족에게 참혹한 일제강점기를 겪게 했다. 일제는 전쟁 물자를 동원하기 위해, 우리 민족의 고혈을 짜내듯 온갖 탄압과 착취 그리고 수탈을 자행했다. 우리 민족은 무방비 상태에서 숨 한번 제대로 쉬지 못하고 야만적인 통치를 일방적으로 당해야 했다.

해방은 됐지만, 좌·우익의 정치적인 첨예한 갈등에 의해 일반 민중은 억울한 희생양이 되어야 했다. 그것도 모자라, 현대사의 가장 큰 불행인 6·25전쟁이 일어나 엄청난 시련이 전 국토를 짓밟으며 폭풍처럼 쓸고 갔다. 6·25전쟁으로 인한 우리 민족의 희생자 수는 남·북한 군인과 민간인을 합쳐 2백만~4백만 명 정도로 추산하고 있다. 단일 국지전(局地戰)으로 이 정도의 희생자는 세계 전쟁사에서 거의 찾아보기 어렵다. 3년 동안의 6·25전쟁은 전 국토를 쑥대밭으로 만든 처참하고 끔찍한 전쟁이었다. 이처럼 우리 민족은 과거에서 오늘날까지 크고 작은 시련을 끊임없이 겪었다. 우리 민족은 가혹한 역사의 시련 앞에서 벌거벗은 몸으로 살갗을 파고드는 삭풍의 고통을 속수무책으로 감수해야 했다.

우리 민족의 수많은 시련은 약육강식의 거친 경쟁을 통해 개인적으로는 강한 개성을 가지게 했고, 엄청난 재난 경험에 대한 역사적 두려움은 집단적으로 공동 대응하게 했다. 임진왜란에 선조와 양반 사대부는 제일 먼저 도망갔지만, 힘없는 백성은 의병을 조직하여 왜군을 앞장서서 막았다. 왜군은 전혀 예상하지 못한 백성의 전쟁 참여로 인해 치명적인 타격을 받았다. 우리에게는 당연하게 보이는 일반 백성의 자발적인 참여는 세계 전쟁사에 거의 유례가 없는 희귀한 일이었다. 우리 민족은 국가 재난이 가져올 엄청난 불행한 사태에 대해 오랫동안 겪은 역사의 본능을 통해 잘 알고 있기 때문에 공동의 집단적 대응이 가능했던 것이다.

1997년의 IMF 시절에도 비슷한 일이 일어났다. 당시 우리는 침몰 직전의 국가 부도 상태에 직면해 있었다. 세계의 헤지펀드들은 사냥 먹잇감을 대하듯 한국을 막대한 차익을 얻을 수 있는 타깃 정도로 여겼다. 한국은 수치스럽지만, 무기력하게 속수무책으로 당하고 있었다. 일촉즉발의 상황에서 누구도 예상하지 못한 일이 벌어졌다. 외환 위기를 극복하기 위해 국민의 자발적인 '금 모으기 운동'이 일어났다.

나라를 구해야 한다는 하나의 마음으로 끝없이 줄을 선 국민들은 장롱 속에 숨겨둔 금붙이와 결혼 반지 그리고 아기 돌 반지까지 내놓았다. 처음에 세계의 금융 전문가들은 그 효과에 대해 부정적이며, 심지어 조소까지 하였다. 금 모으기 운동은 국제 금 가치의 15%를 폭락시키는 반전을 일으켰다. 끝도 없이 쏟아져 나오는 금은 국제 금 시장에 엄청난 파장을 일으키는 예상치 못한 상황을 초래하자, 금융 사냥꾼들의 환투기를 중도에 포기하게 했다. 국민의 자발적 금 모으기 운동은 나중에 세계가 격찬한 모범 사례로 남았으며, 세계사에서 찾아보기 어려운 희귀한 본보기가 되었다.

2007년의 태안 기름 유출 사건 때도 국민들은 한마음이 되어 감동스러운 장면을 연출했다. 2016년 박근혜 대통령의 정권 퇴진을 위해 거의 온 국민이 참여한 축제 같은 평화로운 촛불 혁명은 전 세계를 놀라게 했다. 국가 재난에 민감한 한국인들은 개인적으로는 강한 개성을 가지고 있지만, 집단적으로는 한마음이 되어 공동으로 대응하는 놀라운 저력을 보여주었다. 우리 민족에게 연이은 엄청난 국가 재난을 극복하면서 함께 대응해야 살 수 있다는 역사적 본능이 회귀한 것이다.

한국민의 국난극복의 저력은 노 재팬 운동에서도 나타났다. 2019년 7월 1일에 일본 경제 산업성은 한국을 화이트 리스트에서 노골적으로 제외하면서, 우리 산업의 근간을 이루고 있는 반도체 디스플레이 제조의 핵심 소재 3종(불화폴리이미드, 포토레지스트, 불화수소)의 수출을 제한하였다. 우리 경제의 입장에서는 느닷없이 뒤통수를 얻어맞은 뼈아픈 실상이었다. 서구 언론은 일본의 이런 조치를 진주만 폭격에 비유했다.

갑작스러운 일본의 전격적인 수출 규제에 대해 제대로 준비 못 한 우리 정부는 당황하고 있었다. 그런데 국난극복의 역사적 유전자를 지닌 우리 국민은 누구도 시키지 않았지만, 즉각적으로 노 재팬이라는 불매 운동을 통해 세차게 반격을 하였다. 일본 전문가는 한국의 불매 운동이 오래가지 못 갈 것으로 판단했다. 예상과 달리 한국의 노 재팬은 집요하고 체계적으로 전개됐다. 일본 제품 불매 목록이 세밀할 정도로 정리된 인터넷 사이트가 등장하여 정확하게 타깃을 정조준하게 했다.

노 재팬으로 일본 자동차인 도요타, 렉서스, 혼다, 닛산 등은 직접적인 직격탄을 맞았다. 닛산은 버티지 못해 2020년에 철수했다. 당시 수입 맥주에서 줄곧 1위를 차지하던 일본 맥주는 99.9%의 매출 하락이 있었다. 유니클로, 다이소 등의 일본 기업들은 전방위적으로 피해를 보았다. 특히 대도시가 아니라 일본의 지방에 집중된 한국인 관광객이 하루아침에 발길을 끊자, 각 지방의 경제가 휘청거리면서 일본 정부는 예상치 못한 반격에 곤혹스러워했다. '독립운동은 못 했어도 불매운동은 하겠다'라는 우리 국민의 의지는 역사가 가르쳐준 삶의 본능에 따르고 있었다.

2019년 12월에는 우한 폐렴이 발생하면서 코로나 19라는 팬데믹 현상이 세계를 위협했다. 코로나 19의 초기 대응에서 한국 사회는 우왕좌왕했지만, 점차 세계가 놀랄 정도의 신속한 대처 능력을 보였다.

대구에서는 누구도 강요하지 않았지만, 생계 위협에도 병원 문을 닫는 의사들의 희생적인 용기와 바이러스로부터 나라를 구해야 한다는 간호사들의 사명감 그리고 찌는 듯한 더위에도 무거운 방호복을 입고 땀으로 뒤범벅되어 전투적으로 싸우는 그들의 모습은 세계에 감동을 주었다. 전국에서는 그들을 위해 각종 응원의 구호품을 보냈다. 국난이란 역경을 겪을 때마다 한국민은 피하기보다는 하나가 되어 정면으로 대응했다.

한국민은 의료 전문가의 조언에 따라 국난극복의 역사적 DNA에 새겨진 지혜를 통해 슬기롭게 움직였다. 많은 불편함을 감수하면서도 마스크를 쓰는 것을 당연하게 받아들였다. 일상의 공간에서도 코로나 19의 확산을 막기 위해 사회적 거리두기와 자가격리 등에 적극적으로 동참했다. 강요가 아니라 자발적 참여로 이루어진 국민의 협조는 민주주의 사회의 새로운 방역 모델이 되어 세계의 격찬을 받았다.

한국민들은 바이러스와의 전쟁에 이기기 위해 버스, 지하철, 식당, 스포츠 경기장, 공공장소에서 마스크를 쓰는 불편함을 인내했다. 인권 논란이 있었지만, 확진자에 대한 최소한의 개인 정보 공개에 대해서도 흔쾌히 동의를 했다. 이를 두고 서구의 일부 전문가는 오랫동안 유교 문화와 독재 정권을 겪은 순응적인 태도라고 축소하려는 편협한 비판을 했다. 그들은 역사의 모진 굴곡을 겪은 한국인의 성격을 전혀 이해하지 못하고 있었다.

역사적으로 한국인은 타인을 존중하지만, 함부로 순종하지는 않는다. 한국인의 순종에는 분명하고 타당한 이유가 있어야 한다. 오히려 어려운 상황에서 굴복하지 않고 적극적으로 저항을 해 왔다. 한국인은 타인을 존중하는 순한 양과 불합리한 상황에 물러서지 않는 거친 야수의 이중적인 모습을 가지고 있다. 한국인은 가혹한 역사 경험이 주는 공동의 아픔인 한(恨)과 이로 인해 서로를 감싸는 정(情)의 문화가 존재하는 동시에 약육강식의 치열한 경쟁에 살아남기 위해 히스테리적인 방식으로 주인이 되려는 성향을 가지고 있기 때문이다.

우리 민족은 수많은 역사의 가혹한 시련 속에서도 목숨을 연명하기 위해 거칠고 모진 경쟁을 피할 수가 없었다. 계속된 역사의 참혹한 고초를 겪어온 우리 민족은 크게 세 가지 성향을 가지게 되었다.

첫째는 역사의 시련에서 한 인간으로 감당하기에 너무 크고 해결할 수 없는 슬픔을 경험한 우리 민족은 '한(恨)'이라는 성향을 가지게 되었다. 한의 정서는 역사의 가혹한 시련 앞에 속수무책으로 억울하게 당한 슬픔이 해소되지 않고 마음속에 응어리로 축적된 것이다.

둘째는 가혹한 역사의 시련을 통해 우리 민족은 마음의 고통을 이해하는 공감 능력인 '정(情)'의 감성을 높일 수가 있었다. 정은 고초를 경험한 슬픈 정서를 기반하고 있다.

셋째는 적자생존의 참혹한 야생의 삭막한 세계에서 살아남기 위해서라도 우리 민족은 거칠고, 모질고, 차갑고, 야박한 성향을 가지고 적응하였다.

반복되는 역사의 시련은 우리 민족의 내면에 거칠고 야생적인 습성을 강화하였다. 참혹한 역사의 시련에서 적응된 거친 습성은 이겨야만 살 수 있는 검투사와 같이 사소한 다툼에도 한국인들은 목숨을 건 것처럼 죽일 듯이 맹렬히 싸우는 과대 성향을 가지게 하였다.

역사의 시련에 의해 시작된 거친 경쟁은 패자부활전이 없는 냉정한 승자 독식주의를 가능하게 하였다. 승자가 되기 위해서는 수단과 방법을 가리지 않고 거칠게 경쟁해야 하는 차가운 결과주의를 정당화시킨다. 한동안 우리 사회에 회자했던, '일등만 기억하는 더러운 세상'이다. 결국 계속된 역사의 참혹한 시련은 이겨야만 살 수 있다는 거칠고, 모질고, 야박한 경쟁을 일으키는 결과 중심의 히스테리 성향을 촉진했다.

한과 정 그리고 거친 습성은 상반된 심적 구조로 되어 있지만, 우리 사회에서 자연스럽게 표출되는 심성이다. 수많은 역사의 시련에 축적된 우리의 감정은 복잡하고, 미묘하며, 폭이 넓은 모순적인 특징을 가지게 되었다.

라. 성리학의 수직적 위계 질서의 이념적 배경

현대사회에서 유교 문화의 영향력이 많이 감소했지만, 일상
생활에서는 아직도 유교 문화의 잔영이 깊게 남아 있다. 고려 말
에 도입된 성리학은 유교 중에서도 가장 강력한 수직적 위계 이념
을 지향하고 있다. 조선의 지배계층은 성리학의 위계질서를 거의
종교 수준에 가까울 정도로 일상생활에 강력하게 정착시켰다. 성
리학적 위계질서는 오랫동안 지배문화가 되어, 우리의 일상생활에
서 가치관, 관습, 태도 등의 형성을 주도했다.

성리학의 강력한 수직적 위계질서는 권력 관계의 타인을 민
감하게 의식하게 한다. 강력한 사회의 위계 문화는 타인과 나의
계급적 위치를 인식하게 한다. 일상생활에서 상대방에 따른 존칭
어, 연령에 따른 위계 관계, 선후배 문화 등은 사회적으로 나와 타
인과의 권력 서열화를 느끼게 한다. 강한 서열 문화는 권력 관계
로 인해 사람들에게 은연중에 자신의 사회적 위치에 대해 끊임없
이 타인과 비교를 하게 한다.

강한 서열 문화는 나와 타인의 계급적 위치에 따라 상대방을
의식하게 만든다. 성리학의 위계적 서열 문화는 나와 타인의 계급
적 위치라는 권력 관계를 통해 타인과의 경쟁 관계를 형성하게 한
다. 사회의 불평등한 서열은 자연히 타인을 의식하게 하며, 심리
적으로 더 높은 사회적 지위를 추구하도록 동기화한다.

성리학의 수직적 위계 문화는 개인의 능력보다 실질적인 권
한을 행사하는 사회의 계급장을 강하게 요구한다. 개인의 순수 능

력보다 직접적인 영향력을 미치는 계급적 위치가 사회의 비교 기준이 된다. 강한 위계 사회에서는 피상적인 개인의 장점보다 현실적인 계급 권력이 직접적인 영향을 미치기 때문이다. 사회의 공인된 계급적 지위는 모든 사람에게 합법적으로 정당화된 인정을 받을 수 있다. 공인된 계급적 지위는 인정 욕망을 실현하는 직접적인 영향을 미칠 수 있는 대표적인 사회의 권력이다.

개인의 피상적 능력보다 사회가 인정하고 직접적인 영향을 미치는 제도적인 계급이 중요하다. 자연히 구성원들은 개인의 능력보다 계급적 지위라는 사회 형식을 추구하게 된다. 사회가 인정하는 계급적 지위가 중요한 것이지 개인의 능력이 중요한 것이 아니다. 심지어 실제적 영향력이 없는 상징적이며 형식적 지위라도 대다수 사람이 인정한다면 의미 있는 사회의 계급장이 된다. 성리학의 위계 문화에서 상징적이며 형식적인 계급장도 사회의 인정욕망을 실현하는 수단이 된다.

성리학의 수직적 위계 문화는 사회가 공인하는 계급장 경쟁을 촉발하게 한다. 타인보다 비교 기준에서 우위에 있는 사회의 계급장이 필요하게 한다. 계급장 경쟁은 사회적 타인을 의식하는 것이다. 타인을 의식하는 것은 타인보다 사회적 우위에 서기 위한 심리적 경쟁의 출발이다.

심지어 체면도 사회적 우위에 대한 심리적 경쟁의 한 단면이다. 성리학의 수직적 위계 문화에 영향을 많이 받은 한국인은 계급적 서열에 대한 자신의 단점을 숨기기 위해 체면이라는 사회적 가면을 쓴다. 체면은 타인을 지나치게 의식하는 계급적 권력의 눈치라고 할 수 있다.

완장 심리도 공인된 권력에 의존한다는 점에서 체면과 논리적으로 비슷한 맥락을 가지고 있다. 사회 영향력이 미비한 완장이라도 공인된 상징적 계급장이다. 완장 심리는 낮은 계급적 위치에도 불구하고, 공인된 사회적인 과시를 통해 암묵적으로 타인에게 인정받기 위해 비롯된 것이다. 즉 완장 심리는 지위와 관계없이 공인된 계급장을 통해서 사회의 위세를 보여주는 것이다.

우리의 격언 중에 '지위가 사람을 만든다.'라는 말이 있다. 다양한 의미를 내포하고 있지만, 완장을 차면 사람이 변한다는 것을 의미하기도 한다. 완장 심리에 대해 과거와 현재의 표현에는 차이가 있다. 과거에는 노골적으로 완장 심리를 보였지만, 요즘은 상대가 인식하지 못하게 교묘하고 은밀하게 완장 심리를 표현하고 있다. 결국 체면과 완장 심리는 계급적 관심을 받고 싶어 하는 인정 욕망의 사회적인 표현이다.

오랫동안 지속한 성리학의 위계 문화는 불평등한 계급 위치를 통해 타인을 의식하게 하며, 계급적 위치라는 비교 기준을 강화하여 사회 경쟁을 촉진하게 한다. 성리학의 수직적 위계 문화는 타인을 의식하고, 경쟁하게 하여 사회적 관심을 받게 하는 히스테리의 사회적 속성을 형성하는 데 영향을 미쳤다.

성리학의 불평등한 위계 문화는 타인과의 사회적 계급 경쟁을 가중시켰다. 강한 수직적 위계 문화는 타인을 강하게 의식하게 하여 타인과의 경쟁을 치열하게 만든다. 강한 수직적 위계 문화는 사회적으로 주목받고 싶어 하는 히스테리적인 인정 욕망을 강화하는 원인으로 작용하였다. 성리학의 위계 문화는 아직도 일상생활에 남아 많은 영향을 미치고 있다. 오늘날에도 성리학이 남긴 이념적 잔영들은 가족 집단주의, 효 중심 문화, 연장자 우선 문화, 강한 존칭어, 서열 문화, 선후배 문화로 변화되어 한국의 강한 사회문화로 자리 잡고 있다.

마. 가족주의의 집단적 가문 경쟁의 문화적 배경

장자 중심의 종법제(宗法制) 가족주의는 조선 초기부터 강한 교화가 이루어졌으나, 사회 질서로 도입된 것은 조선 중기 이후며 18세기 중반에 들어서야 정착될 수 있었다. 종법제 가족주의는 성리학의 수직적 위계 질서를 가족 내에 구현한 것이다. 가족 내의 강한 위계 원리에 의해 만들어진 질서 의식은 '집 위주의 사상'으로 사회적으로 확산된다. 조선 후기에는 가족의 사회적 지위를 높이기 위해 가문 간의 경쟁으로 발전된다. 장자 중심의 가족주의는 개인보다 가문의 사회적 지위를 중요하게 여긴다. 즉 개인의 계급적 위치는 가문의 사회적 계급에 의해 평가된다.

조선 후기에는 가문 간에, 문중 간에 치열한 경쟁이 일어난다. 각 가문은 자신의 사회적 가치를 높이기 위해서 족보를 편찬하거나, 고관대작을 배출하려는 노력을 아끼지 않았다. 개인의 계급과 명예는 가문의 계급과 명예에 직접 연결되어 가족 집단의 구성원들이 함께 공유하기 때문이다.

당시의 가문들은 사회적 지위를 둔 치열한 생존 경쟁을 하고 있었다. 사회적 지위가 낮은 가문은 사회적인 관심이 멀어지면서, 점차 열등 집단인 한미한 가문으로 전락한다. 가문 간의 집단 경쟁은 사회의 명운이 걸린 매우 중요한 생존 경쟁이었다. 가문 간의 경쟁은 운명공동체를 담보로 하고 있어서, 각 가문은 강한 결속력을 가져야만 했다.

　가문 간의 사회 경쟁은 암묵적으로 집단 간에 수평적 관계를 전제로 하여 출발한다. 어느 가문이든지 기회가 있으면 지체 높은 가문이 될 수 있다는 것이다. 가문 간의 수평적인 경쟁 관계는 자연히 가문 중심에서 개인의 사회적 평등 의식을 촉진하게 된다. 수평적인 평등 의식은 타인과의 동등한 관계를 가지게 한다. 수평적 의식은 경제적으로 어려운 위치에 있어도 기회만 주어진다면 미래 사회의 주인공이 될 수 있다는 기대를 갖게 한다. 수평적 의식은 타인보다 사회의 관심에 집착하는 히스테리 속성을 내포하고 있었다.

　따라서 사회의 적자생존을 위해 가문 간의 경쟁은 치열하게 전개될 수밖에 없었다. 가문 간의 경쟁에서 살아남기 위해, 우리의 가족주의는 내부적으로 온정적 유대감을 공유하지만, 외부적으로 매우 배타적이었다. 가족 내부의 온정적인 유대 관계는 가족 구성원의 끈끈한 결속력을 강화하여 사회 경쟁력을 높이기 위한 것이었다.

　종법제 가족주의는 가족의 수직적 위계 관계를 바탕으로 내부의 온정적인 유대 관계를 강화하게 한다. 가족의 온정주의는 가문과 개인의 사회 경쟁력을 높이게 하는 집단적인 문화 연대감을 형성하게 한다. 종법제 가족주의는 타인을 비교하고 의식하게 하는 개인의 히스테리 성향과 가문들 간의 치열한 비교 우위의 경쟁을 통해 개인의 희생을 강요하는 가문의 집단적인 히스테리 속성을 동시에 내포하고 있다. 종법제 가족주의는 가문 간의 경쟁을 통해 가문의 사회적 지위를 확보하는 것을 우선으로 여기게 하기 때문이다.

종법제 가족주의는 개인의 사회적 지위를 통해 가문의 인정 욕망을 사회적으로 실현하려고 했다. 종법제 가족주의는 개인보다 가문이 우선이다. 개인의 계급적 지위는 가문의 사회적 위치에 의해 결정되기 때문이다. 종법제 가족주의는 가문의 지위를 높이기 위해 조상 중에 고관대작, 충신, 존경받는 인물 등을 족보나 비석 등에 남기게 한다. 또한 가문의 홍보를 위해 노골적인 사회 과시를 지속적으로 전개한다. 종법제 가족주의는 가문 간의 생존권 경쟁에서 이기기 위해 히스테리 속성인 보여주기 경쟁을 주도하였다. 이러한 보여주기 경쟁은 자신의 가문을 사회의 관심과 사랑을 받게 하기 위한 히스테리적인 인정 욕망에 기반하고 있다.

제2장

한국인 히스테리의 사회적 특징

제2장

한국인 히스테리의 사회적 특징

한국인의 히스테리 배경에는 앞에서 다룬 다섯 가지 외에도 많은 요인이 있을 수 있다. 특히 한국은 역사의 부침이 심해서 특정 배경 요인으로 규정하기 어렵다. 그래도 이 배경들을 중요한 요인으로 삼은 것은 한국인에게 역사적으로 오랫동안 일관된 공동 경험을 제공했기 때문이다.

70% 산지로 인한 좁은 공간의 지리적 요인, 긴 겨울을 가진 사계절의 자연적 요인, 역사의 가혹한 시련을 가져온 지정학적 요인, 성리학의 수직적 위계질서의 이념적 요인, 가족주의의 집단적 가문경쟁의 문화적 요인이라는 배경들이 한국인의 심리 형성에 직접적인 영향을 미친 것은 부인하기 어렵다.

이 배경 요인들은 한국인의 무의식에 깊게 각인될 만큼 오랜 시간을 가지고, 오늘날 한국인의 히스테리 심리 형성에서 큰 영향을 미쳤다. 즉 오랜 시간을 통해 강화된 한국인의 집단 무의식 형성에 영향을 미친 역사적 유전자라고 할 수 있다. 이 배경 요인들은 한국인의 히스테리를 설명할 수 있는 각각의 고유한 근거를 가지고 있지만, 조합하기에 따라 다양하고 깊이 있는 해석을 가능하게 해준다. 이러한 배경 요인들에 의한 한국인 히스테리의 사회적 성향의 형성 과정을 제시하면 다음과 같다.

표 1   한국인 히스테리의 배경과 특징

배경 요인	사회 관계	사회 심리	히스테리 문화
70% 산지의 지리적 요인	·활발한 인적 교류 ·동등한 비교 기준	·가까운 타인 의식 ·평등 의식의 고양 ·사회의 과시 욕구	·타인에 대한 의식 ·타인에 대한 민감 ·타인에 대한 평가 ·가까운 타인 경쟁 ·사회의 인정 욕망 ·사회의 주인 욕망 ·사회의 평등 의식 ·사회의 과시 문화 ·사회의 눈치 문화 ·사회의 완장 문화
긴 겨울의 계절적 요인	·궁핍한 생활 환경 ·일차적 욕구 경쟁	·사회 경쟁의 욕구 ·사회 위세의 욕구 ·사회 과시의 지향	
역사적 시련의 지정학적 요인	·적자생존 경쟁 ·결과주의 경쟁	·승자 제일주의 ·결과주의 경쟁 ·넓은 감정의 폭	
성리학의 이념적 요인	·수직적 위계 관계 ·사회의 계급 관계	·사회 계급의 경쟁 ·사회 과시의 욕구 ·형식 계급의 지향	
가족주의의 문화적 요인	·가족 집단주의 문화 ·가족 내의 온정주의	·가문의 계급 경쟁 ·가문의 명예 경쟁 ·가문의 평등 의식	

한국인 히스테리의 배경 요인들은 개별적인 영향을 미친 것이 아니라, 오랜 역사를 가지고 상호 복합적으로 작용하였다. 한국인 히스테리 발생의 다섯 가지 배경 요인은 고유의 특징적 근거에도 불구하고 공통의 사회문화적인 영향력을 가지고 있다. 한국

인 히스테리의 다섯 가지 배경 요인을 독립적으로 살펴보는 것보다 상호 관계 속에서 통합적으로 조명할 필요가 있다. 이 배경 요인들의 복합적인 관계를 통해 한국인에게 내포된 일반적인 히스테리 성향을 제시할 수 있기 때문이다. 한국인의 히스테리 성향들은 다양하게 표출되지만, 깊게 생각하면 서로가 연결된 하나의 통일체로 이루어져 있다. 단지 여기서는 논의의 편의를 위해 한국인의 히스테리 성향을 구분하여 접근하고자 한다.

1. 타인을 지나치게 의식하는 한국인

히스테리의 큰 특징 중의 하나는 타인을 지나치게 의식하는 것이다. 타인에 대한 의식은 다섯 가지 배경 요인에서도 공통으로 나타난다. 타인을 의식하는 이유는 사회의 인정 욕망을 구현하기 위한 것이다. 사회의 주인이 되려는 인정 욕망은 타인에 대해 민감하며, 타인에 대해 관심이 많으며, 타인과 비교하며, 타인과 경쟁하려는 성향을 가진다.

타인에 대해 관심이 많은 한국인은 처음 본 사람에게도 고향, 나이, 학력, 결혼 여부, 가족 관계 등의 개인의 은밀한 정보를 거리낌 없이 물어본다. 역사적으로 많은 이유가 있겠지만, 오랫동안 좁은 공간의 빈곤한 생활공동체에서 축적된 친밀한 감정적 유대 관계는 개인 정보를 스스럼없이 공개하는 원인이 되게 한다.

타인에 대한 지나친 관심은 타인에 대한 평가인 뒷담화로 이어지게 한다. 태국 관광 때에 한국인 안내원이 "세계의 많은 나라를 다녔지만, 한국인처럼 뒷말이 무성한 사람을 보기가 어렵다."라고 말했던 일화가 기억난다. 현지 교포가 자신이 현지 여자와 공적 관계로 시내에 함께 있는 것을 보게 되면, 얼마 지나지 않아 같이 산다는 과장된 소문이 난다고 하였다. 외관상 개인의 특별한 경험이라고 할 수 있지만, 대다수 한국인은 이런 사실을 굳이 부인하지는 않는다.

미국의 경우도 예외는 아니다. 처음 미국에 가게 되면 한인 교회의 많은 도움을 받는다. 그런데 지인들은 한결같이 교회는 가까이 하지만, 한국인 신도들은 가까이하지 말라고 한다. 사소한 행동이라도 보이지 않은 곳에서 불쾌한 평가인 뒷담화로 이루어질 가능성이 크다는 것이다. 다소 과장될 수 있지만, 그렇다고 이런 사실을 부정하기도 어렵다. 미국에서 한국인이라면 한 번쯤 비슷한 경험을 하기 때문이다.

한국인이 타인에 대한 관심이 많다는 것은 일반적으로 잘 알려진 사실이다. 한국인의 타인에 대한 지나친 관심은 참견으로 이어지게 한다. 좁은 공간에서 오밀조밀한 생활공동체로 인해 생긴 친밀한 인식은 타인의 생활에 무례한 참견을 정당화한다. 타인의 일상사에 과도하게 개입하는 참견은 타인에 대한 지나친 관심이 낳은 불편한 결과다.

미국의 한인 교포에게 전해들은 얘기다. 뉴욕의 세계무역센터는 각국의 관련 무역업체들이 활동하고 있는 곳이다. 이곳의 어떤 외국인 사장이 매우 젊은 여비서와 결혼을 하였다. 각국의 다른 나라 사람들은 여기에 대해 거의 무관심하게 반응하였는데, 한국인들만 이 결혼에 대해 말이 많았다고 한다. 단순히 지나치기에는 예사롭지 않은 한국인의 성향을 보여주고 있다. 이 사례는 타인에 대한 한국인의 불필요한 참견 태도를 보여준다. 한국인의 참견 태도는 각국의 다른 나라 사람들과 확실한 문화 차이를 보인다. 참견은 타인에 대해 불필요하고 과도한 관심이 빚어낸 결과다.

한국인의 타인에 대한 민감한 관심을 잘 표현한 말이 체면이다. '체면이 말이 아니다.', '체면을 좀 세워야겠다.' 등과 같이 체면은 한국 사회에서 보편적으로 받아들이는 일상적 문화로 정착되어 있다. 체면은 남을 떳떳하게 대하는 도리며, 체통은 신분과 지체에 적합한 체면을 뜻한다. 체면은 성리학의 위계 문화와 관련이 있으며, 자신의 신분에 대한 존재감 과시와 타인에게 보여주기 위한 사회 속성을 가지고 있다.

체면은 타인의 평가에 민감하고, 타인의 평가가 두려워 자신을 방어하기 위한 사회적인 얼굴이다. 체면을 지키지 못하면 신분적 존재감이 낮아지는 부끄러움과 수치심을 감수해야 한다. 체면은 타인의 반응에 예민하며 '체면을 위한 체면'이라는 형식과 겉치레를 위해 살아가게 한다.

유승엽·염동섭(2012)의 연구에 의하면 한국인의 체면 성향은 위신, 실망과 부끄러움, 거절의 걱정과 망설임 등의 '창피 의식성 체면'과 타인과 관계된 예절, 교양, 조심과 격식 등의 '예의성 치레 체면' 그리고 타인 평가에 민감하게 반응하는 '타인 의식성 체면'으로 나타난다. 한국인의 체면은 확실히 타인에게 보여주기 위한 사회적 표현이다. 체면은 타인의, 타인에 의한, 타인을 위한 문화적 태도에 불과하다. 체면은 타인에게 신분적 존재감의 과시를 통해 사회적 자존심을 유지해 준다. 체면은 타인이 없으면 결코 존재할 수 없는 사회적 태도다.

한국인의 체면은 타인에게 민감하게 반응하여, 자신의 지위에 맞는 행동을 통해 사회적으로 인정받고 싶은 욕망을 전제하고 있다. 체면은 타인에게 자신의 신분적 존재감을 높이기 위해 사회적으로 위장된 행위의 표현이다.

이코노미스트 지의 한국 특파원인 튜더(Tudor, 2014)에 의하면 한국인은 양반이 존재하지 않는 현대 사회에 살면서도, 사회적 지위가 높은 사람들은 체면에 신경을 쓴다. 높은 부와 교육 수준을 성취한 사람들도 자신이 사회적으로 어떻게 보일지를 중요한 문제로 인식한다고 한다. 학력과 명품 그리고 자동차도 결국 자신의 신분 체면을 과시하기 위한 수단에 불과하다고 하였다.

체면은 타인을 지나치게 의식해서 민감하게 반응하는 사회적 눈치라고 할 수 있다. 체면과 눈치는 불가분의 관계가 있다. 체면과 함께 눈치는 한국인의 사회 성향을 나타내는 대표적인 단어다. 눈치는 타인을 전제로 하고 있으며, 타인을 민감하게 의식하는 것이다. 타인이 없으면 눈치란 말이 존재할 수가 없다.

타인에게 민감한 우리 사회는 눈치와 관련된 말들이 유독 발달되어 있다. '눈치밥 먹고 산다.', '눈치가 빠른 놈은 절에 가서도 새우젓을 얻어 먹는다.', '눈치채지 못하도록 해라.', '눈치 빠른 사람, 눈치 없는 사람', '말 속에 뼈가 있다.', '눈치 보기 바쁘다.', '눈치로 굴러먹는다.' 등을 일상적으로 사용하고 있다.

눈치는 상대의 숨은 의도를 간파하여 효과적인 사회 관계를 맺기 위한 것이다. 눈치의 관계성은 타인을 지나치게 의식해야 가능해진다. 눈치는 한국인의 타인에 대한 히스테리적인 민감성 수준을 가늠하게 한다.

2. 강한 평등 의식으로 사회 차별에 민감한 한국인

한국인은 겉으로는 수직적 위계 태도를 요구하지만, 속으로는 강한 수평적 평등 의식을 가지고 있다. 성리학의 수직적 위계 가치는 오랫동안 사회에서 일상화될 정도로 매우 자연스럽게 유지되어 왔다. 아울러 좁은 생활공간에서 이루어진 친밀하며 빈번한 접촉은 함께 거주한 이웃에 대한 수평적 평등 의식을 조장하였다. 단순하지만 수직적 위계 의식은 성리학의 이념적 가치에 의해, 수평적 평등 의식은 생활공동체의 좁은 공간에 의해 영향을 받았다고 할 수 있다.

수평적 평등 의식은 타인과 동등한 관계를 전제로 하며, 기회가 있으면 누구나 사회의 인정을 받을 수 있다는 믿음을 준다. 한국인의 평등 의식은 궁극적으로 타인을 경쟁적인 존재로 보게 하며, 사회의 주인이 되려는 심리 성향을 조장한다. 한국인의 주인 의식은 사회 차별과 무시가 없는 평등한 대우를 요구하여 사회 공정성에 매우 민감하게 반응한다.

누구나 사회의 주인이 될 수 있는 평등 의식은 경쟁 상대인 타인을 인정하지 않으며, 타인의 성과에 대해 인색한 평가를 하게 한다. 한국인의 내면에는 타인을 무시하고, 자신을 과시하려는 평등 의식이 강하게 자리 잡고 있다. 평등 의식이 강한 한국인은 사회의 주인으로서 높은 자존심을 가지고 있지만, 역으로 자신이 타인의 관심을 갖지 못하거나 무시당하면 지나칠 정도로 예민하게 반응한다.

한국인은 상대편이 자신을 무시했다고 생각하면 순간 화가 치솟아 보복하려고 한다. 무시당했다고 생각하면 분노가 쌓여 사소한 일에도 조절하기가 어려워진다. 실제 2016년에 단지 열 살이 어리다는 이유로 폭언과 욕설 등으로 무시당하는 일이 잦아지면서 점차 분노가 쌓인 피의자는 당사자를 토막 살인하는 끔찍한 일이 있었다. 다른 사건에서 대구의 모 건설사 사장을 살해하고 암매장한 혐의로 체포된 같은 회사 전무는 '사장이 자신을 무시했다'라는 이유로 수면제를 탄 숙취 해소제를 먹이고 목 졸라 숨지게 했다.

2020년에 여중생에게 교제를 거부당한 지적 장애인인 고교생은 자신을 무시했다는 분노를 이기지 못하고 피해자의 생명을 앗으면서, 시신을 모욕까지 했다. 이에 대해 곽금주(연합신문, 2016. 5. 21.)는 무시를 받을 때 뇌를 촬영해보면 신체 폭력을 당했을 때와 똑같은 뇌 부위가 활성화된다고 한다.

내면의 무시감은 단순한 심리적 느낌이 아니라 마음의 깊은 상처가 되어 한순간에 괴물로 변하게 하여 돌이킬 수 없는 폭력성을 낳게 한다. 한국인은 단순한 관계에 대해서도 사회적 무시감을 예민하게 받아들이는 것은 평등 의식이 초래한 자존심이라는 그릇된 환상이 키워낸 것이다.

상대 차량의 갑작스러운 진로 변경과 끼어들기에 대한 보복 운전은 서로가 누구인지를 모른 상태에서 자동차를 대상으로 일어난 것이다. 차를 무시한 것이지 사람을 무시한 것은 아니다. 그런데도 운전자는 심리적으로 자신이 무시당했다고 생각한다. 이런 느낌은 평소에 차별과 무시에 예민한 심리적 환상이 키워낸 것이다. 무시감은 차별받지 말아야 하는 사회의 주인으로서 자존심에 흠집이 생기면서 발생하는 것이다.

오랫동안 축적된 무시감은 심리적 환상에서 비롯되지만, 무의식의 뿌리가 단단해지면 마음의 깊은 병이 되어 심리 치료도 어렵게 할 수 있다. 무시라는 마음의 환상이 실제의 고통과 분노를 키운다는 것이다. 한국인이 사회 차별과 무시에 예민한 것은 수평적인 평등 의식에서 비롯된 주인 의식과 밀접한 관련이 있다. 예민한 주인 의식이 결국에는 예민한 무시감을 싹트게 한다는 것이다.

한국인의 강한 수평적인 평등 의식은 일상생활에서도 경험할 수 있다. 많은 한국인은 우리의 대통령님을 오랜 친구처럼 거리낌 없이 이름을 부른다. ☆☆☆ 대통령님이 아니라, 김영삼, 김대중, 노무현, 이명박, 박근혜라고 한다. 심지어 성을 빼고 이름만 부르기도 한다. 영삼이가, 대중이가, 무현이가 하는 경우를 종종 볼 수 있었다. 이러한 심리적 기저에는 나와 너 사이에 사회적 차이가 없다는 무의식적으로 오랫동안 강화된 강한 평등 의식이 자리 잡고 있기 때문이다.

어렸을 때부터 누구나 귀한 자식이라며 기죽지 않게 자라게 하는 한국인의 평등 의식은 국제적으로 확대되어 나타난다. 더 타임즈 지의 서울 특파원을 지냈던 브린(Breen)에 의하면 세계 4대 강대국들을 상대로 미국놈, 왜놈, 떼놈, 소련놈이라고 낮추어 부를 정도로 배짱 있는 민족은 한국인을 제외하면 지구촌에는 찾아볼 수 없다고 한다. 심지어 세계 2위의 경제대국 일본을 발톱 사이의 때만큼도 여기지 않은 나라라고 한다. 부지런하기로 소문난 일본을 게으른 민족이라고 노골적으로 깎아내린 나라는 세계에서 한국뿐이다.

일제강점기에 안중근, 윤봉길, 이봉창 의사 등은 사실상 적진 한복판에서 일본군 수뇌부에 총을 쏘고, 폭탄을 투척하는 대범성을 보였다. 당시의 세계에서 목숨을 내놓고 혼자 적진으로 뛰어든 사례는 거의 찾아보기 어려웠다. 중국 언론은 죽음도 불사한 한국인의 용감한 기개에 대해 존경과 찬사를 아끼지 않았으며, 한국인과 같이 의연한 죽음을 택한 중국인이 한 명도 없다는 사실을 개탄하였다. 구체적으로 윤봉길 의거에 대해 장개석은 "중국의 100만 대군과 4억의 중국인이 하지 못한 일을 한국인 한 사람이 해냈다."고 감탄하였다.

주인 의식으로 무장한 한국인의 강인함은 월남 전쟁에서도 나타났다. 불리한 여건의 월남 전쟁에서 불가능을 가능으로 바꾼 한국군의 전투력에 대해 세계의 언론은 감탄하였다. 베트콩은 세계 최고 군사 강대국인 프랑스와 미국 그리고 중국과 차례로 맞서 싸워 이겨낼 만큼 강인한 정신력을 보유하고 있었다. 지금은 베트남의 국부로 추앙받고 있지만, 당시 베트콩의 총사령관인 호찌민은 후퇴를 모르고 불굴의 정신을 가지고 싸우는 한국군의 강인한 용맹성에 대해 "단순히 군인 정신만으로 설명되지 않으며, 100% 이길 자신이 없으면 처음부터 한국군과 맞서지 말라."고 전군에게 명령하였다. 호찌민은 오랜 역사의 시련을 견디어 온 한국인 특유의 강인하고 끈질긴 민족성을 주목한 것이다.

긴 역사를 통해 많은 침략과 수모를 당했어도 기가 죽지 않은 이유는 오랫동안 한국인에게 흐르는 강한 평등 의식과 무관하지가 않다. 이러한 평등 의식은 누구나 사회의 주인이 될 수 있다는 자신감을 가지게 한다. 강한 평등 의식에서 나온 개인의 자신감은 민족의 자신감으로 확대되어 나타난 것이다. 지나친 자신감은 사회적으로 콧대를 높인 거만한 사람이 되게 하는 원인으로 작용하게 한다.

반대로 성리학적 위계 문화에 영향을 받은 한국인은 '벼는 익을수록 고개를 숙인다.'는 속담을 수없이 들으면서 자라나, 일상생활에서 매우 겸손한 태도를 보인다. 거만함과 겸손은 양극에 있는 모순된 감정이다.

아들러(Adler, 1928: 237-239)에 의하면 모든 사람을 능가하고 싶은 허영심이 있는 영리한 사람은 자신의 허영심을 감추기 위해 매우 공손하게 행동하면서, 허영심이 없다는 것을 보여 주기 위해 외양에 전혀 신경 쓰지 않는 듯한 모습을 보인다고 한다. 이렇게 인간은 타인을 의식하여 겸손을 가장한 거만함이라는 이중적인 모습이 있다.

성리학의 유교 문화에 영향을 받은 한국인의 겸손은 사회적으로 훈련된 겸손이며 인위적으로 위장된 형식적 겸손이다. 기계적인 일상생활에서 겉으로는 겸손한 태도를 취하지만, 속으로는 강한 평등 의식에 의해 자신도 사회의 주인이라는 거만함을 감추고 있다.

과도한 주인 의식은 자만감을 높이고 감정의 여과 없이 지나친 공격적 성향을 표출하게 한다. 강한 자신감으로 무장한 내면의 거만함은 타인과의 경쟁에서 적극적이며 거친 공격적 태도를 보이게 한다. 한국의 영화와 TV는 경쟁 상대에 대해 매우 거칠며, 공격적인 태도를 자연스럽게 표출한다. 김치로 상대 뺨을 후려치는 TV 드라마 장면에 대해 일본인은 충격적으로 받아들였다고 한다.

한국인의 평등 의식은 타인과의 경쟁에서 우월한 위치를 차지하기 위해 적극적이고, 공격적인 표현을 하게 한다. 또한 사회의 인정을 위해 공격적 성향을 가지게 한다. 한국인의 평등 의식은 내가 남보다 열등하지 않다는 인식을 심어 주며, 사회의 주인이 될 수 있다는 인정 욕망을 갈망하게 하는 히스테리 성향을 조장하고 있다.

3. 사회의 주인으로 주목받고 싶은 한국인

귀화인으로는 최초로 한국관광공사 사장을 역임한 독일계인 이참 씨가 오래전에 한 TV 인터뷰에서 한국인은 진돗개와 닮았다고 하였다. 그의 설명에 따르면 대체로 동물들은 한 번의 서열 싸움에서 패하면 꼬리를 내리는데, 진돗개는 한 번 패하더라도 상처 난 몸으로 다음 날 다시 덤벼든다. 상대에게 패배를 인정하지 않는 진돗개의 성격이 한국인과 닮았다는 것이다. 재미난 비유지만, 외국인 눈으로 본 그의 객관적 통찰력은 꽤 인상적이었다.

브린(1999: 55)도 비슷한 평가를 하였다. 겉으로는 권력을 가진 자와 상사에게 순종적이지만, 속으로는 반란을 꿈꾸는 한국인들의 성향은 쉽게 바꿀 수 없다고 하였다. 그러면서 한국인들은 젠체하기를 좋아하고 자신이 가진 것 이상을 가진 것처럼 뽐낸다고 하였다. 내면에서 사회의 주인이 되고 싶어 하는 한국인의 욕망을 예리하게 지적하고 있다.

　주인 의식을 가진 한국인은 타인의 인정에 인색하며, 타인과의 경쟁에서 지는 것을 싫어한다. 설령 높은 성과가 있더라도, 적어도 겉으로는 경쟁 상대의 능력을 인정하기를 꺼리며, 심지어 의도적으로 낮추려는 경향이 있다. 사실 한국인은 사소한 인간관계에서도 조금도 양보하지 않으려고 한다. 이런 태도는 친구, 동료, 친척 등의 지인들 간에 작은 언쟁이 큰 싸움으로 번지게 하는 원인이 되게 한다.

　오래전에 호주에 갔을 때, 그곳의 대학을 다니는 한국 학생에게 들은 얘기다. 한국 학생은 수업의 토론 시간에 호주 학생에게 지지 않기 위해, 한국식으로 적극적이며 공격적으로 토론을 했다고 한다. 호주 학생들은 매우 편안한 표정으로 너의 말이 모두 맞으며, 어쩌면 그리 똑똑하냐고 부러운 눈으로 칭찬을 하였다. 한국 학생은 당시 우쭐한 기분이 들었지만, 자신보다 훌륭한 그들의 기말 보고서를 보고 깜짝 놀랐으며 얼굴이 화끈거렸다고 한다. 한국 학생은 주목받기 위해 이기기 위한 공격적 토론을 했지만, 호주 학생은 배우기 위해 상대를 존중하는 수용적 토론을 했기 때문이다.

　특별한 사례라고 넘길 수 있지만, 한국인의 입장에서 부인하기 어려웠다. 내면에 주인 의식으로 가득한 한국인의 지기 싫어하는 성향을 보았기 때문이다. 사실 이런 장면은 한국의 TV 토론에서도 종종 볼 수 있다. 토론은 유불리를 떠나서 옳고 그름의 객관적 사실을 종합적으로 분석한 합리적 근거를 통해 유익한 결과를 도출하는 것이다. 그런데 우리의 TV 토론에서는 자신에게 유리한 사실 근거만을 제시하고, 궁지에 몰리면 궤변을 무릅쓰거나 심지어 윽박지르기도 한다. TV 토론은 자신의 주장에만 집착하여 오로지 상대방을 이기기 위한 사각의 링과 차이가 없다.

자신의 주장에 강하게 집착하는 것은 경쟁에서 지는 것을 싫어하는 한국인의 주인 의식과 관련 있다. 한국인은 모든 사람의 주목을 받는 사회의 주인이 되려는 히스테리 성향을 가지고 있다. 우리 사회가 인재를 키우는 것에 인색한 것도 히스테리 주인공 병과 무관하지 않다. 타인을 인정하지 않고 경쟁에서 이기기 위한 견제 심리가 강하게 작용하기 때문이다.

개인적인 경험이지만, 연구원 시절에 성과급을 놓고 한국인 특유의 타인에 대한 견제 심리를 느껴본 적이 있었다. 당시 연구원 모두는 사회적으로 만족할만한 높은 수준의 성과급을 지급받았다. 개인의 성과급은 엄격한 비밀임에도 연구원들은 자신의 성과급을 가까운 지인에게 공개하면서, 예상치 못하게 오히려 조직의 불만이 높아졌다. 자신보다 높은 성과급을 받은 연구원과 비교하여 공정치 못한 결과라는 것이다. 외형적으로 공정성을 내세웠지만, 타인보다 낮은 평가에 대한 시기와 견제가 섞인 불만이었다. 서열에 민감한 한국인의 입장에서 한 마디로 자존심이 상한 것이다. 남에게 지는 것을 싫어하는 한국인 특유의 심리 표현이다.

당시의 이런 현상은 특별한 경우가 아니라 사회적으로 비슷하게 나타났다. 한국인은 사회 평가에 대한 서열 등급에 매우 민감하게 반응한다. 가까운 사람에게도 뒤처지는 것을 매우 싫어한다. 한국인은 공부라는 마라톤 경기에서도 서열을 위해 100m 달리기하듯이 죽을 듯이 노력한다. 어렸을 때부터 서열 경쟁에 익숙한 한국인은 자신도 모르게 서열에 민감하여, 평생 서열 후유증에 시달린다. 남보다 앞서고자 하는 서열 히스테리가 있는 한국인은 서열 평가에서 자신에게는 관대하지만, 타인에게는 엄격한 기준을 가진다. 전형적인 내로남불(내가 하면 로맨스, 남이 하면 불륜)의 경쟁 의식이다. 타인에게 지지 않으려는 불안한 히스테리의 주인공 심리가 작동한 결과다.

히스테리의 주인공 심리는 타인을 의식하는 눈치 문화와 연결된다. 눈치 문화는 타인의 관심을 끌면 노골적 견제를 당하는 권력 관계에 대해 예민하게 반응한 결과다. 눈치 문화는 자신 이외에 권력을 인정하지 않는 주인공을 의식해야 한다. 눈치는 유교 문화에서 강조하는 겸손의 내면성으로 인해 수동적으로 은밀하게 표현한다. '모난 돌이 정 맞는다.'라는 속담도 갑자기 사회의 주인으로서 관심의 대상이 되거나 타인의 주목을 받는 것을 견제하기 위한 것이다.

예일대의 니스벳(Nisbett, 2003) 교수는 심리 실험을 통해 미국인들은 항상 남의 눈에 띄고 싶어 하지만, 한국인들은 늘 남들 정도만 되고 싶어 한다고 하였다. 한국인의 겉으로 드러난 모습만 본 결과다. 사실 한국인은 이중적 심리 구조를 가지고 있다.

한국인은 속으로는 남들보다 뛰어난 사람으로 인정받고 싶어하지만, 남들보다 특별하면 정을 맞기 때문에 겉으로는 사회적인 겸손을 가장한다. 이런 문화는 자연히 타인의 눈치를 보게 하여 내면의 은밀한 겸손을 요구한다. 그렇지 않으면 정을 맞기 때문이다. 사실 개성의 시대인 21세기에서 개성이 강한 모난 돌은 주목을 받아야 한다. 한국 사회에서 이 속담이 아직도 유효한 것은 타인을 인정하지 않고, 나도 사회의 주인이라는 평등 의식이 사회 곳곳에 강하게 작용하고 있어서다.

오래전에 우연히 만났던 한 일본인은 한국인의 개인 역량을 인정하면서, 한국인의 조직에는 보석과 진흙이 뒤섞여 있다는 인상적인 말을 하였다. 처음에는 누가 보석이고 진흙인지 구별이 안 되며, 보석을 키우는 문화가 미약하다고 하였다. 한 마디로 인재를 키우지 않는다는 것이다. 한국인의 견제와 시기라는 히스테리 성향에 대해 솔직한 통찰력을 보여주었다. 한국인의 히스테리 주인공 심리는 좁은 생활공간의 가까운 이웃에 대한 수평적인 평등 의식, 경제적 빈곤함에서 오는 치열한 생존 경쟁, 성리학을 기반으로 한 계급적 경쟁 풍토, 가문 중심의 내부적 온정문화 등이 복합적으로 빚어낸 결과라고 할 수 있다.

4. 보여주기를 통해 과시하고 싶은 한국인

한국은 일상생활의 중요도 순서에 따라 의식주(衣食住)라고 하지만, 중국은 식주의(食住衣)라고 표현한다. 한국인에게는 의관이 가장 중요하지만, 흥망성쇠가 적은 오랜 역사의 전통으로 인해 주거에 대한 인식은 미약한 편이다. 중국은 한 국가의 평균 주기가 70년 정도며, 전쟁을 자주 하여 불안정한 먹거리에 신경을 쓸 수밖에 없었다. 음식에서 중국은 프랑스, 터키와 함께 세계 삼대 국가에 속할 정도로 평판이 높다.

주거 형태로 아파트를 대하는 태도에서 양국은 분명한 차이를 보인다. 한국은 세련되고 일률적인 붙박이장이 갖추어진 아파트를 선호한다. 중국은 붙박이장이 없거나 내부 인테리어가 안 된 아파트일수록 가격이 비싸다. 자신의 취향에 따라 화려한 장식으로 리모델링할 수 있기 때문이다. 반면 중국에서는 밖에서 허름한 집도 안에 들어가면 으리으리하고 놀라울 정도의 장식으로 꾸며져 있다. 주거지에 대한 중국인의 태도는 화려하고 다양하며 개성적이지만, 한국인은 편의적이며 효율적이고 획일적인 면을 추구한다.

의복에 대한 중국인의 인식은 홍콩과 중국 영화에서 주위 배경과 어울리지 않게 초라한 민소매 러닝셔츠만을 입은 배우의 모습에서 확인할 수 있다. 중국인은 좋은 옷을 입으면 강도를 만나거나, 새로운 국가가 탄생하면 부자들이 처형당하기 때문에 허름한 옷을 입고 다니는 문화가 있다고 한다. 그러나 한국인은 의복에 있어서 중국인과 많은 차이를 보인다. 한국인은 오랫동안 좁은 공간에서 오밀조밀한 생활공동체를 이루며 살아왔다. 좁은 공간에서 강한 평등 의식을 가진 한국인은 타인에 대한 보여주기 과시를 통해 사회의 주인이 되려는 성향이 있다.

한국인은 좁은 공간의 일상생활로 인해 타인과 접촉이 잦을 수밖에 없다. 빈번한 일상 접촉에서 보여주기 행위의 가장 손쉬운 방법은 의복이다. 잦은 접촉으로 인해 의복은 자연히 사회적 과시의 중요한 수단이 되었다.

조선 시대에 예(禮)를 숭상한 선비는 격식에 맞는 의관정제와 단정한 용모를 중요하게 여겼다. 예는 볼 시(視)와 풍성할 풍(豊)이 결합한 회의자다. 예의 핵심은 타인을 배려하는 내면의 성숙성을 보여주기 위한 것이다. 예의 의관정제는 경박하고 사치스럽고 화려한 외형보다 은근하고 겸손하며 세련된 모습을 지향한다. 역사적으로 좁은 공간의 활발한 인적 교류와 유교의 성숙한 내면에 영향을 받은 우리의 의복은 사회적으로 보여주기의 중요한 과시 수단이 되어 자연히 세련미의 수준을 높일 수 있었다.

의복의 수준 높은 세련미는 오늘날에도 잘 나타나고 있다. 한국에 온 외국인들이 한결같이 놀라는 것은 한국인들 대부분이 패션 감각이 뛰어난 세련된 옷을 입고 다니기 때문이다. 한국인의 세련된 패션은 외국에서도 잘 알려진 사실이다. 역사적으로 자연스럽게 체화된 한국인의 세련된 패션은 K-영화, K-드라마, K-팝, K-뷰티 등의 한류 문화에 흡수되어 사회적으로 확대·발전될 수 있는 감각적 기반을 제공했을 것이다. 그러나 일상화된 한국인들의 세련된 의복 코드는 타인의 눈을 지나치게 의식하는 것을 은밀히 반영하고 있다는 것도 부인하기는 어렵다. 한국인의 세련미는 타인에게 보여주기 위한 히스테리적인 세련미라고 할 수 있다.

우리의 전통적인 아름다움은 자연미, 단순미, 우아미에서 찾는다. 이 세 가지의 미는 최고의 핵심적인 아름다움을 표현했다고 해도 지나치지 않다. 우리의 의복은 이 세 가지의 아름다움을 동시에 품고 있는 세련미를 가지고 있다. 의복에 의한 우리의 사회적 표현은 타인에게 보여주기 위한 과시지만, 직접적인 화려함보다 간접적인 은근한 세련미를 가지고 있다. 의복의 아름다운 세련미는 한국의 전통적인 미를 은근히 반영하고 있다.

이 점은 K-뷰티에서도 나타난다. K-뷰티는 화장을 한 듯, 안 한 듯해야 하며, 은근하면서 자연스러운 세련된 아름다움을 강조하는 한국의 전통미와 닮았다. K-뷰티에는 한국의 자연미, 단순미, 우아미 모두를 포함하고 있다. 한국인의 보여주기를 위한 미의 표현 방식은 수동적이며 은근하지만, 보여주기를 위한 행동의 표현 방식은 적극적이며, 능동적이다.

우리 사회에서 보여주기 행위는 때로는 대담할 정도로 직접적이다. 예컨대 6·25전쟁 직후, 먹고 살기 힘든 시기에 값비싸게 수입된 꽃다발이 중·고등학교 졸업식을 뒤덮었다고 한다. 당시에 이 사태에 대해 개탄할 정도로 사회적 과시의 허영심이 높았다(동아일보, 1954.3.5.). 당시의 꽃다발은 쌀 한 가마 정도의 값이었다. 이 점은 오늘날 사회적 과시를 위해 매우 비싼 명품을 주저하지 않고 적극적으로 구매하는 것과 큰 차이가 없다.

1990년대부터는 타인의 관심을 받기 위해 성형 열풍이 일어났다. 한국인들은 개인의 일상적 과시를 위해 한 번 고치면, 평생 복원이 어려운 얼굴 성형을 거리낌 없이 과감하게 시도한다. 성형은 타인의 인정을 요구하는 적극적인 사회 표현이다. 이렇게 보면 한국인들은 사회적 과시에 대한 아름다움의 표현 방식은 높은 세련성을 추구하지만, 그에 따른 행위는 상당히 적극적이고 과감한 특징을 가지고 있다.

잦은 면 대 면의 접촉과 내면의 아름다움을 강조하는 성리학 이념에 의해 보여주기 과시의 세련된 표현 문화는 세계적으로 유명한 K-뷰티와 성형 기술의 발달과도 무관하지 않다. 우리나라

에서 유독 성형 미인이 많은 것은 보여주기를 통해 타인의 관심을
받아서, 사회의 주인이 되려는 과시라는 인정욕구가 빚어낸 결과
다. 은근한 세련미로 표현되는 우리의 과시 욕구는 아름다운 수준
을 높일 수 있는 심리적 기반이며 문화적 자원이 될 수 있다. 우
리의 과시 욕구는 조절하기에 따라 긍정적 역할을 수행하는 히스
테리적인 에너지가 될 수 있다.

5. 감정의 폭이 넓은 한국인

　타인을 의식하고 관심을 받기를 원하는 히스테리의 특징 중
의 하나가 감정적이란 것이다. 타인에게 인정받고 사회의 주인이
되려는 것은 감정을 기반으로 출발한다. 한국인이 정이 많다는 것
은 감정의 다른 표현이다. 이웃이나 친구 집에 가면 밥을 먹었는
지를 꼭 물어보고, 배가 부른데도 많은 양의 밥을 주면서 적다고
하며 과잉 친절을 베푼다. 한국인이면 한 번쯤 경험하는 일이다.
　한국인은 타인의 일상사뿐만 아니라 타인의 어려움에 대해서
도 관심이 많다. 한국인은 타인과의 감정적 유대 관계를 맺기를
선호한다. 좁은 공간에서 오는 타인에 대한 친밀한 관계, 타인의
인정을 받으려는 감정적 평등 의식, 궁핍한 생활로 인한 사회적
공감대, 가족주의의 온정적 유대감, 사계절의 감정적 요인, 역사적
시련이라는 감정적 동질감 등은 감성이 풍부한 히스테리 요인으로
작용할 수 있었다.

역사적 이유로 한국인은 흥이라는 풍부하고 깊은 감성을 소유하고 있지만, 많은 양면성을 가진 것도 사실이다. 한국인의 감정은 부드럽고, 정겨우며, 감성적이며, 공감적이지만, 다른 면에서는 거칠며, 적극적이며, 직설적이며, 열정적인 표현을 한다. 이 점은 한국 드라마에서도 나타난다. 대다수의 한국 드라마는 젊은 청춘의 달콤하고 애틋한 사랑이 내용의 중심 구조를 이룬다. 의학 드라마는 의학의 전문성이 강조된 것이 아니라, 결국 남녀의 순수한 로맨스 얘기로 끝난다. 한국에서 큰 관심을 받은 의학 드라마인 '굿 닥터'는 남녀의 지순한 사랑 이야기가 큰 비중을 차지했지만, 판권을 산 미국에서는 의학적인 전문성에 치중하면서 남녀의 사랑을 거의 제외했다고 한다.

　　많은 역사적 시련을 겪은 한국인은 감정적으로는 권선징악과 해피엔딩이라는 달콤한 결말을 선호하지만, 현실적으로는 거칠고, 적극적이며 냉정한 태도의 모순적인 감정 구조를 가지고 있다. 이런 양면성은 전통 소리에서도 나타난다. 판소리는 숨이 넘어갈 듯한 애절하고 깊은 감성을 담고 있지만, 목소리가 갈라져 투박하고 거친 목소리로 표현해야 제대로 된 소리로 인정받는다. 우리의 전통 악기인 거문고는 화려하고 세련된 맑은 소리를 가지고 있지만, 술대라는 작은 막대로 소음에 가까울 정도로 줄을 거칠게 뜯어서 표현해야 좋은 연주가 된다. 이런 발성법과 연주법은 세계에서 거의 찾아보기 어려운 우리만의 기법이다.

　　한국인은 달콤함 감정과 더불어 냉정한 현실적인 감정도 도외시하지 않는다. 빈곤한 생활공동체에서 타인에게 인정을 받기 위한 치열한 경쟁 의식은 생존을 위한 불가피한 선택이다. 누구나 사회의 주인이 될 수 있다는 능동적이며 공격적인 평등 의식은 타인에 대한 거친 경쟁을 주저하지 않게 한다. 성리학의 계급 경쟁과 가족주의의 가문 경쟁은 사회의 생존 경쟁을 통해 한국인을 더욱 치열하고 열정적으로 변모하게 하였다. 많은 역사의 시련에서 경험한 생존 고통과 더불어 다섯 가지 배경 요인들은 타인과의 경쟁에서 이기기 위해 내면적으로 더욱 굳건한 감정적 의지를 축적하게 하였다.

한국인은 감정을 기반으로 한 공격적인 성향을 가지고 있다. '목소리가 큰 사람이 이긴다.'는 말이 있을 정도다. 브린(1999. 25 – 33)에 의하면 한국인들은 싸우는 감정을 지나치게 과장하고, 은근히 누가 말려주기를 바라면서도 마치 싸울 듯이 덤빈다. 한국인들은 쉽게 흥분하고 말도 안 되는 소리를 하곤 한다. 한국인들이 화를 내는 모습은 참으로 가관이며, 한국인들은 목청에서 소리를 내는 것이 아니라 단전에서 소리를 내는 것과 같다고 하였다.

일본인들이 한국 드라마를 보고 놀라는 것 중의 하나가 한국인은 격하게 화를 낸다는 것이다. 감정 표현을 자제하는 일본인 입장에서는 충격적이라고 한다. 이렇듯 다소 과장된 점이 있지만, 부인하기 어려운 한국인의 직설적이고 다혈질적인 열정을 비교적 정확하게 지적하고 있다. 이런 모습은 수많은 역사적 시련의 굶주림에서 살아남기 위한 한국인들의 절박한 생존 경쟁의 사회적인 표현일 수가 있다.

한국인의 다혈질적인 열정에 대해 외국에서는 한국을 '동북아의 아르헨티나'라고 부른다. 한국은 아시아에서 보기 드물게 열정의 나라인 남미를 닮았다는 것이다. 리비아의 독재자인 가다피

(Gaddafi)는 뜨거운 사막의 건설 현장에서 낮과 밤을 환하게 밝히고 24시간 일하는 한국인의 열정적인 근면성을 보고 크게 감탄한 적이 있었다. 가다피는 생전에 한국인의 열정적인 팬이었다는 것은 널리 알려진 사실이다.

한국인의 열정적인 근면성으로 인한 '빨리빨리 문화'와 사회의 역동성에 대해 이제는 세계가 인정하고 있다. 우리는 의식하지 못하고 있지만, 한국에 체류하고 있는 외국인들은 우리 사회의 변화 역동성에 대해 매우 놀라곤 한다. 예컨대 한국에서 선거가 시작되면 세계에서 유례가 없는 역동적이며 흥미진진한 선거 문화를 경험하기 위해, 임기가 끝난 외국의 기자들도 한국의 체류를 연기할 정도다. '다이내믹 코리아'는 우연히 생긴 말이 아니다.

한국인의 부드럽고, 따뜻하고, 정겨운 공감적인 감성과 거칠며, 직설적이며, 다혈질적인 열정은 상반된 감정이다. '겨울연가'의 섬세하고 부드러움 감성과 '신세계'의 박력 있고, 잔인한 열정은 이중적이다. 한국인은 성리학의 이념에 의한 사대주의와 같이 집단적으로는 깊은 열등감을 가지고 있지만, 평등 의식으로 인해서 개인적으로는 높은 자존감을 가지고 있다.

한국인은 유교 문화로 인해 집단적으로는 겸손과 같은 수동적인 태도를 보이지만, 개인적으로는 사회의 성공을 위해 적극적이며 도전적인 자세를 취한다. 한국인은 성리학 이념에 의해 권력자에게 순종적이지만, 반복된 역사의 시련과 계급적 억압은 한국인의 내면에 강한 저항 의식을 갖게 했다. 오랜 역사적 시련의 살기 위한 경쟁과 수평적 평등관의 주인 의식으로 인해 한국인은 강한 개성의 개인주의 성향을 가지고 있지만, 가족 중심의 집단주의

의식을 공유하고 있다.

  한국인은 유교의 억압으로 인해 외적으로는 타인의 눈치에 민감하지만, 내적으로는 강한 평등 의식으로 생긴 자유로운 주인 정신을 추구한다. 한국인은 겉으로는 사회 규칙에 대해 경직된 태도를 취하지만, 속으로는 오랜 역사의 절박한 시련을 통해 형식과 틀의 경직성을 파괴하는 유연하고 자유로운 태도를 숨기고 있다. 한국인의 자유로움은 일정한 형식과 악보가 없이 연주하는, 세계에서도 없는 즉흥성의 끝판왕인 시나위에서도 잘 나타나고 있다. 형식과 틀의 거부는 기존 권위에 대한 도전이어서 자연스럽게 저항 정신과 연결된다.

  마당놀이는 한국인의 감정 코드를 종합적으로 표현하고 있다. 서양은 고정된 무대와 관객석이 수직적인 위계로 구분되어 있지만, 마당놀이는 공연할 수 있는 장소가 있으면 무대가 될 수 있으며, 무대와 관객석의 구분이 약한 수평적인 관계로 구성되어 있다. 마당놀이는 사방이 트여 있어서 신분과 관계없이 관객 모두에게 동등한 권리를 부여하는 공간의 평등성을 가지고 있다. 마당놀이는 공연자가 관객이, 관객이 공연자가 되어 중심과 비중심이 사라져 그 속에서는 누구나 평등한 주인공이 될 수 있다.

  마당놀이는 신분과 형식 그리고 틀에 얽매이지 않는 자유로운 소통 공간이다. 신분의 차별 없는 주인 의식을 가진 마당놀이는 불평등한 현실의 애환을 해학과 풍자를 통해 비판하는 거친 저항 정신을 담고 있다. 마당놀이는 현실은 신분 차별을 감내하면서, 이상은 평등 세계를 꿈꾼다. 마당놀이는 얼굴에는 웃음을, 가슴에는 아픔이라는 이중적 코드를 가지고 있다.

한국인의 사회적 감정 코드는 양면적인 모순성을 가지고 있다. 세계에서 보기 드문 한국인의 이중적인 감정 층은 한국 문화를 성숙하게 발전시킬 수 있는 귀중한 자원으로 활용될 수 있다. 한국인의 양면적인 감정 에너지의 균형적인 조화는 문화 심층의 질을 높이는 계기에 긍정적인 보탬이 될 수 있다. 부드럽고 섬세하며, 공감적인 감성과 신속하고, 역동적이며, 도전적인 문화의 융합은 문화 발전의 상승 효과를 주도하는 감정 기반이 될 수 있다. 이런 복합적인 감정은 오랫동안 수많은 시련이 준 마음의 아픔을 승화시킨 역사적인 경험과 무관하지 않다.

　　한국인의 감정적 모순은 좁은 공간의 사회의 주인이 되기 위한 보여주기 경쟁, 참혹한 가난을 벗어나기 위한 생존 경쟁, 수많은 역사의 시련에서 살아남기 위한 거친 경쟁, 성리학 사회의 치열한 계급 경쟁, 가족주의의 가문 경쟁 등의 복합적 요인은 역사적, 정치적, 사회적, 문화적 영향력이 오랫동안 축적되어 나타난 것이다. 각각의 배경 요인들은 매우 복잡한, 다층적인 감정적 기반을 품고 있기 때문이다.

제3장

역사 속의 히스테리

제3장

역사 속의 히스테리

1. 성리학의 후계자가 되고 싶은 권력 히스테리

고려 말의 신진사대부에 의해 도입된 성리학은 조선 시대의 통치 이념이 되었다. 성리학 기반의 조선 시대는 고려 시대와 많이 다른 사회를 지향하였다. 성리학 사회를 만들기 위해 조선 초기부터 왕권은 강력한 교화 정책을 폈다. 구체적으로 삼강오륜과 소학을 실천윤리로써 일상생활에 신속하게 보급하고 권장하기 위해 정표(旌表) 정책을 폈다. 정표는 충신, 효자, 열녀 등을 기리기 위해 집이나 마을 입구에 홍살문을 세우는 것이다. 조선 시대의 통치자들은 성리학과 주자가례(朱子家禮)를 일상생활에 보급하기 위해 큰 노력을 했다. 왕권의 교화 정책과 유교의 가례에 의해 조선 시대는 점차 일상생활까지 성리학 사회로 변모했다.

조선 시대가 강력한 성리학 사회로 정착하기 시작한 것은 조선 중기인 선조 대에 사림파가 집권하면서부터다. 조선 시대의 성리학 이념은 일상에서도 매우 엄격하게 적용됐다. 성리학은 리(理)와 기(氣)의 사상에서 철저히 관념적인 리를 우위에 두는 신분의 계급적 위계를 정당화한다. 조선 시대에 성리학이 통치 이데올로기로 변하면서 형법보다 무서운 교조주의로 변하였다.

조선 시대는 성리학의, 성리학에 의한, 성리학을 위한 강력한 이념 사회였다. 조선 시대의 성리학은 이념이자 생활 그 자체였다. 성리학은 리 중심의 위계 사상에 의해 신분 계급의 차별을 이념적으로 정당화하기 위해 형법보다 가혹하게 적용됐다. 성리학은 이념적으로 리에 우선을 두는 위계적인 위험성을 내포하고 있어서 사회의 폐해를 따르게 했다.

중국의 대진(戴震)은 백성이 주리고 추위에 떠는 것, 그들의 근심과 걱정, 음식, 남녀 등을 인간의 욕망으로 간주하는 당시의 이학(理學)을 가리켜 비상보다도 독하다고 하였다. 혹리(酷吏)는 법으로 사람을 죽이지만, 송유(宋儒)는 리(理)로 사람을 죽인다고 하였다. 이는 리(理)의 위계 사상에서 따른 심각한 사회 부작용의 단면을 명확하게 보여주고 있다.

조선 시대도 큰 차이가 없었다. 조선 시대는 중국과 일본보다 비교가 되지 않을 만큼 매우 경직된 성리학 사회였다. 조선 시대에서 리(理)는 지배계급의 수호 이념으로서 가혹한 통치 수단으로 전락하여 많은 사회의 폐단을 가져왔다.

조선 시대는 다른 학문적 사상을 조금이라도 인정하지 않는 심각한 성리학의 강박 사회였다. 조선 시대에서 성리학 이외의 사상을 지지하는 것은 자신의 사회적 지위와 명예 그리고 심각하면 목숨을 내놓을 만큼 대단히 위험한 일이었다. 이 점에 대해 성호 이익은 주자의 글에 대해 한 글자라도 의심을 두면 망령되다 하고, 비교하고 검토하면 죄라고 하였다. 우리나라의 학문은 우둔함을 벗어나기 어렵다고 하였다. 박제가는 중국의 서적을 읽지 않는 것은 사람을 속이는 것이라고 하였다. 홍길동의 저자로 알려진 허균은 불교를 좋아한다는 이유만으로 사헌부에서 탄핵을 받았을 정도였다.

　김충열은 조선 시대에 성리학설을 털끝만큼이라도 건드리면 사문난적(斯文亂賊)으로 몰아 죽인다고 하였다. 중국과 일본 등의 유교 문화권에서는 다양한 유교 사상을 도입하였으나, 조선은 오로지 성리학만을 숭상하였다. 조선 시대에서 성리학의 이념적인 폐쇄성과 배타성은 종교 수준에 가까웠다. 윤사순은 성리학 사상의 정수인 예(禮)를 따르고 순종하는 준례정신(遵禮精神)이 너무 철저하여 거의 신앙의 차원에 있었으며, 예의 신앙으로 종교화된 시대가 17세기라고 하였다.

　조선 시대의 도덕 정신은 오로지 성리학이 지배했다. 조선 시대는 성리학이라는 대타자가 정신세계의 기준이었다. 이렇게 보면 조선 시대는 전형적인 강박 사회로 보인다. 조선 시대의 성리학에 영향을 받은 우리의 정신은 강박 사고와 행동에 벗어날 수 없게 된다. 그런데 오늘날 우리는 히스테리 사회에 살고 있다. 여기서 신중한 접근이 필요하다. 조선 시대가 진정한 강박 사회였는가이다. 성리학 이념이 조선 시대의 정신을 지배한 것은 사실이지만, 권력을 유지하는 통치 이데올로기의 교화 수단으로 활용됐기 때문이다.

조선 시대는 겉으로는 성리학 이념에 의해 재단되는 강박 사회지만, 속으로는 지배 계급의 권력을 지탱하는 히스테리 사회였다. 즉 조선 시대는 모든 생각과 행동 규범이 성리학 이념을 한치도 벗어날 수 없었던 강박 사회였지만, 개인에게는 성리학을 출세의 도구로 이용하여 사회의 주인이 되기 위한 히스테리 사회였다. 성리학은 지배 계급의 권력을 정당화하는 이념적 도구에 불과했기 때문이다.

성리학은 강력한 도덕적인 강박 정신을 요구하지만, 현실적인 인간의 세속적 욕망은 성리학을 권력 다툼의 수단으로 전락시켰다. 조선 시대는 성리학이란 이념적 도구를 통해 권력의 주인이 되고자 하는 히스테리 욕망이 지배한 사회였다. 성리학은 사회의 주인이 되고자 하는 권력 히스테리의 도구였다.

조선 초기에는 한당유학의 훈구파와 성리학의 사림파로 갈라지면서 정치적 이해관계가 첨예하게 대립하였다. 서울 중심의 훈구파와 지방 중심의 사림파는 무오사화, 갑자사화, 기묘사화, 을사사화라는 참혹한 정치적 대립으로 이어졌다. 널리 세상을 이롭게 해야 하는 유학 사상은 훈구파와 사림파의 정치 이념을 정당화하는 도구로 전락하였다. 이 사화를 통해 사림파가 위축되고 훈구파가 득세했지만, 선조 대에 들어서는 사림파가 완전히 정권을 장악하였다.

조선은 이때부터 사림파 중심의 철저한 성리학 사회가 되었다. 사림파는 성리학 이념의 가치 아래 있었지만, 권력 다툼으로 사색당파로 나누어지면서 붕당 정치의 폐해로 나타났다. 처음에 동인과 서인에서 출발했지만, 동인에서 남인과 북인으로 갈라지면서 사색당파가 생긴다. 정치 권력의 중심이 되겠다는 지나친 욕망은 북인에서 대북과 소북으로, 남인은 청남과 탁남으로, 서인은 노론과 소론으로 갈라졌다. 다시 노론은 시파와 벽파로 나누어진다. 조선 중기 이후는 정권의 중심에 서고자 하는 히스테리적인 권력 욕망이 어지러울 정도로 복잡하게 분화하여 지긋지긋한 당파 싸움으로 나타났다.

먼 옛날의 일 같지만, 안타깝게도 당파 싸움의 역사적 잔영은 아직도 우리에게 남아 있다. 조선 말에 노론이 집권 세력이 되어 일제강점기에는 친일파의 중심으로 자리매김한다. 1910년에 발간된 『조선귀족열전』을 보면, 국권침탈에 공헌하여 작위를 받은 76명 중의 64명이 노론이었다. 노론의 대표적인 친일파는 이완용이었다. 노론은 일제강점기에 친일의 중추 세력이었다.

해방 이후에 노론은 이승만 정권의 보이지 않는 비호 아래 보수의 가면을 쓰고 수구 기득권 세력으로 등장하여 우리 사회의 지배 세력으로 변모했다. 이로 인해 아직도 친일파 논쟁이 정리되지 않고, 해결하기 어려운 역사의 무거운 짐으로 남아 있다.

성리학은 노론 세력의 정치 권력을 지지하는 이념적 도구였다. 노론은 성리학을 표면에 내세웠지만, 이면에는 정권의 주인이 되고자 하는 권력 히스테리가 작동하고 있었다. 이러한 권력 히스테리를 극명하게 보여주는 사례가 예송 논쟁이다. 1659년의 1차 예송은 효종이 죽자 어머니인 조대비의 상복 기간을 남인은 3년을 주장했지만, 서인의 1년 안이 받아들여졌다. 1674년의 2차 예송은 효종비가 죽자 조대비의 상복 기간을 서인은 9개월을 주장했지만, 남인의 1년 안이 받아들여졌다.

예송 논쟁은 매우 유치할 정도의 사소한 논쟁에서 출발하였다. 겉으로는 성리학 이념에 대한 철저한 해석 차이로 보이지만, 속으로는 정치 주도권을 잡기 위한 세속적인 권력 다툼에 지나지 않았다. 성리학의 가면을 쓴 편협한 소인배들의 논쟁이었다. 서인과 남인에게 성리학은 정권의 주인이 되기 위한 권력 히스테리의 도구에 지나지 않았다.

조선 시대에서 성리학은 인간의 영혼을 지배하는 강력한 이념이었다. 조선 시대에서 생각과 말 그리고 행동은 오로지 성리학에만 따라야 했다. 조선 시대를 성리학 중심의 강박 사회라고 해도 지나치지 않다. 조선 시대는 외형적으로 성리학의 강박 사회처럼 보이지만, 실제로는 성리학을 통해 권력의 주인이 되고자 한 사회였다. 역설적으로 권력의 주인이 되기 위해서 성리학 이념에 과도하게 눈치를 보면서 집착해야 했다. 조선 시대는 성리학의 사상적 후계자로 강하게 인정받고 싶어 하는 히스테리 사회였다.

조선은 성리학 중심의 소중화(小中華)를 자처하면서 사대주의 사상에 의존하였다. 조선 시대는 문화 민족인 화(華)와 야만인을 뜻하는 오랑캐인 이(夷)를 구분하여, 성리학 중심의 문명국 후계자로 인정받고 싶어 했다. 소중화는 조선 말기까지 일관되게 지배한 사대주의의 핵심 사상이었다. 조선 시대의 소중화 의식은 문명국에 대한 사대주의의 열등 의식을 조장한 히스테리 심리의 기반으로 작용하였다. 조선 시대의 소중화 의식은 성리학 중심의 사대주의였다.

조선 시대의 사대주의(事大主義)라는 히스테리적인 열등 의식은 성리학을 일상생활에서도 가혹한 통치 이념으로 적용하게 하였다.

사대주의 중심의 열등 의식은 대타자에 대한 막연한 히스테리적인 두려움을 가지게 했다. 대타자에 대한 깊은 열등 의식은 자신의 힘으로 극복할 수 없는 거대한 상대로 인식하게 했기 때문이다. 열등 의식에 빠질수록 사대주의라는 대타자에게 더욱 집착하게 된다. 우리 사회를 오랫동안 지배한 사대주의라는 민족적 열등 의식의 잔영은 오늘날에는 중국에서 미국으로 옮겨져 대상만 바뀌었을 뿐, 아직도 영향을 미치고 있다.

조선 시대에서 성리학은 이념적 혼이었다. 조선 시대는 이념적으로 성리학에서 시작하여 성리학으로 끝난다. 조선 시대에서 성리학은 정신세계의 전부였다. 조선 시대는 성리학 이념에 중독된 사회였다. 이념 중독은 머리만 마비시키는 것이 아니라, 보는 눈을 멀게 하고, 듣는 귀를 막게 하고, 말하는 입을 굳게 한다. 이념 중독은 사람이 원하는 것이 아니라, 이념이 원하는 것을 하게 한다. 이념 중독이 얼마나 무서운 결과를 초래할 수 있는지 그 역사적 사례는 병자호란에서 찾아볼 수 있다.

전쟁의 참혹함을 현장에서 직접 겪은 광해군은 국제 관계에 밝아 중립 외교 정책을 펼친 것이 아니다. 광해군은 성리학이라는 추상적 이념에서 벗어나 국가의 안전에 우선을 두었기 때문에, 국제 관계에 귀를 열어 실리적 정책 노선을 택할 수 있었다. 의식의 방향이 관심의 방향을 결정한 것이다. 반대로, 성리학 이념의 사대주의에 중독된 인조는 보지 않고, 들으려고 하지 않은 경직된 태도가 외교 관계를 어둡게 하여 병자호란이라는 굴욕적인 역사의 비극을 초래하였다.

성리학의 이념적 노예인 인조와 위정자들의 맹목적이고 추상적인 정치적 선택은 죄 없는 백성을 가혹한 전쟁터로 몰아 엄청난 희생을 치르게 하였다. 병자호란은 경직된 진영 논리에 갇혀 이념의 노예가 되면, 예상치 못한 참혹한 결과로 이어지게 할 수 있다는 뼈아픈 역사적 교훈을 남겼다.

조선 말의 격동기에도 정신적 사대주의에서 벗어나지 못하였다. 당시 묄렌도르프(Möllendorf)는 이방인의 눈으로 『조선약기』(朝鮮略記)에서 '조선 왕은 청 황제의 노복(奴僕: 사내종)이다.'라고 하였다. 윤치호(1884.2.6.)는 참담하고 모욕적인 그의 말을 고종에게 전했지만, 처음에는 잠시 노한 얼굴빛을 띠다가 오히려 번거롭게 알리는 것을 싫어했다고 한다. 오랫동안 사대주의 지배로 인해 정신은 무감각해지고 분노마저 잃어버린 것이다. 윤치호는 이런 상황을 매우 비통해 하면서 옛날에는 정성을 다하여 상국(上國)을 섬기어 보호를 원했으나, 오늘에 와서는 도리어 욕을 먹게 되었으며 스스로 힘을 가지고 일어나야 한다고 했다.

동물의 세계에서도 한 번 약자로 보이면 계속 얕보이게 된다. 사대주의는 스스로 약자가 되는 것이다. 약자라는 노예근성이 지속하면 자연히 주인 의식을 불편해 한다. 소중화라는 정신적 구속은 사대(事大)라는 따뜻함에 안주하여, 자신도 모르게 주인 의식을 포기하고 결국에는 모든 것을 잃게 하였다. 전략적으로 살아남기 위한 실용적 사대주의와 지배 계급의 권력을 위한 이념적 노예인 정치적 사대주의는 구분해야 한다.

조선 시대는 성리학의 이념적 후계자가 되기 위해, 오로지 성리학에만 관심을 둔 사상적 노예였다. 단재 신채호는 성리학 중심의 당시 도덕을 패자의 도덕이고, 노예의 도덕이며, 망국의 도덕이라고 개탄하였다. 더 나아가 그는 사대주의에 물든 조선의 유학자를 싸잡아 부유하생(腐儒蝦生), 썩은 새우만도 못한 선비라고 세찬 비판을 하였다.

민족사학자인 박은식은 성리학 중심의 사대주의에 대해서 조선 백성의 정신에는 자기 나라의 역사는 없고 다른 나라의 역사만 있으며, 이는 자기 나라를 사랑하지 않고 다른 나라를 사랑하는 것과 같다고 하였다. 또한 어릴 때부터 머릿속에 노예 정신이 깊게 뿌리박혀 평생의 학문이 모두 노예의 학문이고 평생의 사상이 모두 노예의 사상이라고 매서운 입장을 보였다.

조선 시대의 지배 계급은 역설적으로 자신의 권력을 유기하기 위해 성리학의 이념적 노예를 자처했다. 조선은 소중화가 되기 위해 오로지 성리학의 눈치를 보고, 성리학을 의식하고, 성리학에만 집착했다. 조선 시대는 성리학 이념의 노예 사회였다. 조선 시대는 성리학의 선택받은 후계자가 되기 위해 끊임없이 노력하는 히스테리 욕망이 지배한 사회였다. 조선 시대는 외형적으로 성리학 중심의 강박 사회였으나, 실제로는 오로지 성리학이라는 사상적 대타자에 의존하여 선택받은 후계자에 집착하는 권력형 히스테리 사회였다.

2. 과거제를 통해 신분 상승을 꿈꾸는 출세 히스테리

과거제는 일정한 시험을 통해 관료 인재를 선발하여 적재적

소에 배치하기 위한 합리적이고 객관적인 제도다. 과거제는 개인의 재능과 노력에 의한 능력주의 이념을 기반으로 하여 중국과 한국 그리고 베트남에서 효과적인 인재 선별 장치로 이용됐다. 과거제는 표면상 관료 인재의 합리적인 선별 장치를 내세웠지만, 실제는 정치적 이해관계에 의해 탄생했다.

과거제는 수 문제에 의해 창안됐지만, 처음부터 유능한 관료의 선발보다는 왕권 강화가 목적이었다. 과거제 이전의 사회는 사실상 귀족 연합 정권이어서, 귀족이 권력의 세습화와 정부 요직을 독점했다. 왕의 입장에서 귀족 세력을 견제할 수 있는 새로운 관료 세력의 필요성과 왕권강화를 위해 과거제가 도입된 것이다. 미야자키 이찌사다(宮崎市定)에 의하면 과거제는 천자(天子)가 귀족과 맞서 싸우기 위한 무기로 창안되었다고 했다. 과거제는 인재 양성이라는 고상한 목적과 달리 왕권 강화라는 정치사회적 이해관계와 맞물려 역사적으로 많은 폐해를 낳기도 하였다.

우리나라도 큰 차이가 없었다. 고려 광종은 후주 쌍기에 의해 과거제를 도입하였지만 유능한 관료 선발보다는 왕권 강화가 목적이었다. 고려 초기에는 호족연합정권이라는 불릴 만큼 호족의 정치 세력이 강해서, 왕권은 매우 불안정하였다. 광종은 호족 세력의 권한을 약화하고 대항 세력인 신진 정치 세력을 등장시키기 위해 과거제를 도입했다. 고려 시대의 과거제는 정치사회적 이해관계와 밀접한 관계를 가지고 전개됐다. 공민왕의 과거삼층법도 사실상 왕권을 강화하고 정치개혁의 수단으로 활용하기 위해 도입됐다.

조선 시대의 과거제도 정치적 이해관계를 높이는 수단으로 이용됐다. 사장 중심의 제술(논술 중심)을 지지하는 훈구파와 경학 중심의 강경(암기 중심)을 지지하는 사림파는 과거제를 두고 정치 세력 다툼을 하였다. 서울 중심의 훈구파는 논술을 지도받을 수 있는 학습 환경이 갖추어져 있었지만, 지방 중심의 사림파는 사정이 여의치 못해 암기 위주로 공부할 수밖에 없었다. 논술 중심의 제술은 서울의 훈구파 출신에게는 유리한 시험 방식이었으나, 암기 중심의 강경은 지방의 사림파 출신에게는 다른 선택을 할 수 없는 시험 방식이었다. 훈구파와 사림파는 정치 세력의 확장을 위해 제술과 경학이라는 과거제 시험 방식을 두고 첨예하게 대립하였다.

선조 대에 사림파가 정권의 중심으로 등장하여 암기 위주의 강경 비중이 커지면서 폐해도 많아졌다. 당시 강경을 실시할 때, 한 글자라도 잘못 외우면 모두 낙제시켰다. 향시에서 응시생 중에서 암송을 잘한다고 소문이 나면, 제술 능력이 형편없어도 시관(試官)이 직접 찾아가 선발을 할 정도였다. 사림파도 중앙과 지방으로 분화되면서, 중앙의 관료에게 유리하게 전개됐다.

정규 시험인 식년시는 3년마다 치는 시험으로, 예측 가능하여 지방의 유생들이 매우 선호하였다. 비정규 시험인 별시는 지방 유생들에게 매우 불리하여 별시 합격자 80%가 서울 유생이었다. 별시는 언제 시행하는지를 알 수 없기 때문에 지방의 유생에게 매우 불리한 깜깜이 시험이었다. 심지어 전국에 별시를 알리는 데에만 3개월 정도가 소요되는데, 서울 유생에게 유리하도록 3개월 이내에 별시를 치르기도 하였다. 과거제는 처음부터 순수한 능력주의 이념의 구현과 달리 정치적 이해관계의 수단으로 활용됐다.

일반 백성에게도 과거제는 고상한 목적을 가진 것이 아니라, 사회적 이해관계를 실현하는 세속적 도구에 지나지 않았다. 과거제의 출세주의를 나타내는 상징적 표현이 입신양명(立身揚名)이다. 입신양명은 천리(天理)를 깨달아 인(仁)을 실천하여 사람들에게 자연스럽게 자신의 이름을 알려 부모를 영광되게 하는 것이다. 입신양명이 과거제와 결부되면서, 과거 합격이 입신(立身)을 의미하고 이를 통해 부모와 자신의 이름을 세상에 알린다(揚名)는 세속적인 출세주의 의미로 변질하게 된다.

과거제의 세속적 모습에 대해서 중국의 고문진보(古文眞寶)에서는 "부자가 되기 위해 좋은 밭을 사지 말아라, 책 속에 천 석의 쌀이 있도다. … 책 속에 황금의 가옥이 있도다. … 책 속에 수레와 말이 무수히 있도다. … 책 속에 옥 같은 구슬을 가진 여인이 있도다."라고 노골적으로 표현하였다.

19세기 중국의 사회소설인 관장형형기(官場現形記) 서문은 과거제가 시작되면서부터는 사인(士人)은 자기의 학업을, 농민(農民)은 쟁기를, 공인(工人)은 기술을, 상인(商人)은 자기의 장사를 버리고 오직 한 가지 일, 관직에만 관심을 끌게 됐다고 전하고 있다.

당시 관료는 지위, 권력, 부 모두를 가질 수 있는 유일한 신분이었다. 일반 백성의 과거 합격은 일시에 신분 상승하는 것을 의미한다. 과거 합격은 사회의 모든 사람이 진정으로 실력을 인정하는 최고의 객관적인 신분 보증서였다. 과거 합격은 사회의 인정 욕망을 객관적으로 실현하는 공인된 최고의 자격증이었다. 과거 합격은 모든 사람의 관심을 받으며, 주목의 대상이 될 수밖에 없었다. 과거 합격의 사회적 위세는 대단했다.

고려 시대의 이곡은 비록 재상의 자리에 있다고 해도 과거를 거치지 않으면 영광이 될 수 없다고 하였다. 당시 과거제의 사회적 위세는 가늠하기 어려웠다. 심지어 과거제를 거치지 않고 오늘날 장관과 비슷한 지위인 당상관(堂上官)의 유조인은 상소를 올려, 과거 응시를 요청했을 정도다. 과거 합격만이 진정으로 사회의 인정을 받을 수 있었기 때문이다. 과거 합격증은 세속적인 출세 욕망과 사회의 인정 욕망을 실현하는 최고의 공인 증명서였다.

과거 합격의 세속적인 출세 욕망은 역사를 관통하여 일관되게 나타났다. 신라 시대에 12세의 최치원을 당에 유학을 보낼 때, 육두품인 그의 부친은 "10년 안에 급제하지 못하면 내 아들이 아니다."라고 골품제에 대한 한 맺힌 불만을 내비쳤다. 당시 많은 숙위학생이 당(唐)에 유학 간 것은 골품제의 신분 한계를 벗어나기 위한 것이다. 당의 유학에는 과거 합격을 통해 금의환향하여 신분 상승하려는 육두품의 강한 욕망이 배어져 있었다.

고려 시대에 들어서도 과거 출세주의 욕망은 변함이 없었다. 고려 초기의 과거제는 제술과가 중심이었다. 과거 시험에 있어서 명경보다 제술을 숭상하여 벼슬길에 오르는 일에 힘쓰고, 오로지 과거 시험에 나오는 제술만 공부하였다고 한다. 고려 시대에도 출세에 도움이 되는 과거를 위한 공부만 하였다.

과거제의 출세주의 욕망이 빚어낸 폐해는 조선 시대에도 심각하게 나타났다. 조선 초기의 성균관 유생은 과거 과목인 제술(논술 중심)에만 힘쓰고 과목에서 제외된 강경(암기 중심)은 소홀히 하였다. 제술 시험의 문제는 유생들이 경서를 읽지 않고 모범 답안지인 초집(抄集)만을 읽으려고 했다. 이런 실태에 대해 율곡 이이는 천리(天理)를 통하는 학문과 인간에 뛰어난 행실이 있어도 과거가 아니면 출세하여 도(道)를 행할 수 없으며, 아비가 자식을 가르치고 형이 아우에게 권하는 것이 과거 이외는 다른 방법이 없다고 한탄하였다.

과거제의 출세주의 욕망이 빚어낸 사회적 폐해는 많은 사람이 신랄하게 지적하였다. 정약용도 과거제의 심각한 폐해에 대해 과거학은 이단(異端) 가운데서도 폐해가 제일 혹독하며, 옛적에 해독(害毒)은 홍수와 맹수와도 비교가 안 될 정도라고 하였다. 오래전에 난리 중에 최고 난리는 물난리라는 말이 있었다. 홍수는 속수무책으로 끔찍한 피해를 낳았기 때문이다. 과거학을 홍수와 비교한 것은, 그 해독이 얼마나 컸었는지를 짐작하게 한다.

조선 후기에 가면, 과거를 통해 신분 상승을 꿈꾸는 출세주의 욕망과 사회의 인정을 받고 싶은 욕망으로 들끓었다. 당시 대수롭지 않은 향시에도 수천 명이 응시하였고, 인구가 30만 명 정도인 서울의 과거 시험에는 무려 14만 5천 명이 응시하기도 하였다. 자연히 시험장은 아수라장 그 자체였다. 당시 인구와 비교하여 그렇게 많은 사람이 응시한 것은 요행으로 과거 합격을 바라는 출세주의 욕망이 낳은 사행심이 편승한 결과였다. 비뚤어진 출세 욕망은 과거 합격을 위해 수단과 방법을 가리지 않은 심각한 과거 부정을 자행하게 했다. 이성무(1994: 224-225)의 글을 보면 당시에 과거 시험 부정의 폐해 정도를 가늠하게 한다.

심지어 글 잘하는 사람 네다섯 사람을 데리고 들어가 합동으로 시험지를 분담·작성하여 합쳐서 내기도 하였다. 초기에는 공부 잘하는 사람을 데리고 들어가 답안지를 바꿔치기하는 것이 조선 후기에 갈수록 서울 권세가의 자제들은 네다섯 사람의 글 잘하는 사람을 데리고 들어가 답안지를 쓰게 하여 그중 제인 잘 된 것을 골라 제출하거나 한 사람의 글 잘하는 사람의 답안지를 10여 인이 베껴서 내기도 하였다. 또한 차술(借述)과 대술(代述)이 유행하자 글을 파는 매문업자(賣文業者)가 많아졌으며, 시험장 근처에는 이러한 매문업자가 우글거렸으며 서울의 권세가 자제들은 시골의 글 잘하는 선비를 사오기도 하였다. 급기야 영조는 합격자를 불러 면접을 하여 자신이 지은 몇 구절을 외우게 하여 그렇지 못하면 합격을 취소하거나 형벌을 주었다.

조선 후기의 과거 폐해에 대한 생생한 실태는 사회의 인정을 간절히 받고 싶은 기형아적인 출세주의 욕망이 빚어낸 노골적인 히스테리 성향을 보였다. 엄밀히 말하면 과거 합격이 중요한 것이 아니다. 모든 사람이 주목하고, 모든 사람이 인정해주는 객관적인 능력 증명서를 갈망한 것이다. 과거 합격을 간절히 원한 것은 사회의 공인된 인정을 받고 싶어 하는 출세 히스테리와 자연히 연결된다.

오늘날에도 과거 합격과 같은 세속적인 출세 히스테리를 보인다. 학부모들이 대학입학시험을 위해서 서슴지 않고 희생을 주저하지 않은 것은 일류 대학에 들어가 사회 출세의 기반을 쌓기 위해서다. 학부모들은 일류 대학을 진리를 탐구하고 성찰을 통해 인격을 성숙시키는 곳이라기보다 사회 인정의 자격증이며 출세의 사다리라는 현실적인 인식을 하기 때문이다. 학부모의 치열한 대학입시 경쟁 욕구는 사회의 주목을 받고 싶은 출세 히스테리가 심리적 기저에 작용하고 있다. 학력·학벌주의는 사회적으로 관심과 인정받고 싶은 것은 전형적인 출세 히스테리 성향을 보인다.

과거의 사법고시와 행정고시 그리고 기술고시 등은 과거제의 출세주의와 무척 닮았다. 한국에서 고시에 합격하면 사회적 인정은 물론, 지위, 권력, 부를 합법적으로 보장받고 개인의 성공 기반을 쌓을 수 있게 한다. 고시 합격증은 모든 사람이 인정하는 공인된 사회적 자격증이다. 고시 합격증은 자신의 인생뿐만 아니라 후세도 자랑스러워하는 객관적인 사회 인정서이다. 고시 합격을 위해 평생을 매진할 수 있는 것은 출세 히스테리의 자연스런 욕망에 의해 비롯된 것이다. 출세 히스테리 욕망이 빚은 고시 합격 욕망은 과거제의 폐해처럼 오늘날에도 많은 사회적 부작용을 초래하고 있다. 과거제처럼 시험 성적으로 인재를 선발하는 것은 언제나 그 한계를 가지고 있기 때문이다.

3. 가문의 명예를 지키고 싶은 가족 히스테리

신라 시대는 여왕이 존재하고 여성이 제주(祭主)가 될 수 있어서 여성의 지위가 상당히 높았으며, 고구려와 같이 자유혼과 연애혼이 행해지기도 했다. 신라 시대는 아들과 사위 그리고 친손자와 외손자를 거의 차별하지 않았으며, 자녀를 낳아 성장한 후에 여자를 남자 집에 데려오는 생활을 했다. 이런 전통은 고려 시대에도 비슷하게 전해졌다.

고려 시대의 가족주의는 조선 시대와 거의 정반대의 형태를 가졌다. 고려 시대는 소가족주의를 지향했으며, 혼인은 결혼 초에 처가에서 생활하고, 처가의 거주 기간은 정해지지 않은 솔서혼(率婿婚)을 따랐다. 솔서혼에 의해 사위는 처가를 자기 집처럼 생활하였으며, 장인을 아버지로, 장모를 어머니라고 부르면서 친가의 부모처럼 모셨다.

친가와 외가의 차별이 없어서 사위를 친자식처럼 여겼으며, 처의 부모를 평생 봉양하거나 처의 고향으로 본관을 옮기기도 하였다. 이런 역사적 흔적은 아직도 남아 있다. 우리가 일상적으로 무심코 쓰는 말 중에 '장가간다' 혹은 '장가든다'는 장인 집에 들어간다는 뜻이다. 서방님은 사위가 처가의 서쪽 방에 거주한 것에 유래됐다는 기록이 있다. 우리의 결혼 풍속은 남귀여가혼(男歸女家婚) 혹은 서류부가제(婿留婦家制)라는 처가살이가 오랜 전통이었다.

고려 시대는 아버지와 어머니는 동등한 위치에 있는 양측적 친속(兩側的親屬) 관계를 유지했다. 가부장제와 달리 양측적 친속 관계에서 처의 친족에 따라 아버지와 형제 간의 친족 관계가 달랐으며, 어머니의 성(姓)뿐만 아니라 조부와 조모의 성을 따른 경우도 적지 않았다. 장남과 차남 그리고 아들과 딸의 차별이 존재하지 않았다. 이 점은 모든 사람에게 동등하게 상속을 하는 균분상속제(均分相續制)에서 나타난다.

균분상속제는 장남과 차남, 아들과 딸, 친손과 외손을 비롯하여 외손의 외손을 포함하여 심지어 사위도 차별하지 않았다. 아들이 없는 경우에는 사위나 친조카 그리고 양자에게도 상속할 수 있었다.

고려 시대는 근친혼(近親婚)과 동성혼(同姓婚)이 자유스럽게 이루어졌으며, 재혼(再婚)이 일반화되어 사회적으로 차별이 없었다. 고려 시대는 남성이 호주에 대한 우선권이 있지만, 여성도 호주(戶主)가 될 수 있었다. 가부장제에 반대하는 2007년의 호주제 폐지에 이런 역사적 사실이 일부 반영되기도 하였다.

성리학을 정치 이념으로 채택한 조선 초기의 왕권은 종법제(宗法制)의 장자 중심주의를 강력하게 권장했지만 쉽지만 않았다. 오랫동안 관습으로 전승된 양측적 친속 관계와 솔서혼제 등의 전통은 단순히 정치적 교화로만 변하는 것은 아니었다. 태종(太宗) 7년에는 오늘날과 같이 여자를 남자 집에 데려오는 종법제의 친영제(親迎制)를 요구했지만 사대부 계층에서도 이 친영을 피하려고 어린 처녀들을 모두 혼인시키는 소동이 있었다.

성종실록에서는 우리의 혼인 풍속은 중국의 친영제가 없으며, 처가살이를 하여 아내의 부모를 자기의 부모처럼 대하고 아내의 부모도 그 사위를 자기의 자식과 같이 본다고 하였다. 처가살이는 우리의 오랜 전통이었다. 자연히 사대부 계층의 강력한 반대로 친영제는 조선 중기까지 정착하지 못하였다.

조선 초기에는 상속에서 아들과 딸을 구분하지 않고 철저히 균등하게 재산을 배분했다. 경국대전(經國大典)에서는 적처(嫡妻)의 소생일 경우는 장·차남과 아들과 딸 구별 없이 동등하게 분배하고 제사를 지내는 자식에게만 상속분의 5분의 1을 더 주도록 규정되어 있다.

제사 상속은 돌아가면서 제사를 지내는 윤회봉사(輪回奉祀)를 했다. 장자가 상례를 주관하는 것이 아니라, 아들과 딸 그리고 외손 등이 상례 절차를 주관했다. 사대부조차 아들이 없는 경우에는 딸이 주관했으며, 심지어 출가외인이나 그의 아들이 대신 제사를 지내기도 했다. 조선 초기에도 동성혼이나 재혼이 비교적 자유스럽게 이루어졌다. 조선 초기의 가족주의는 왕권의 엄청난 정치적 교화 노력에도 불구하고 고려 시대와 큰 차이가 없었다.

조선 중기에 들면서 가족주의는 코페르니쿠스의 대전환이 일어난다. 임진왜란과 병자호란을 거치면서 소빙하기(小氷下期)의 참상이 직접적인 역사의 계기가 됐다. 양란과 소빙하기의 대참상은 사회구조를 바꿀 정도로 끔찍하였다.

당시의 사람들이 얼마나 굶주렸으면 사람 고기를 먹기 위해 인상살식(人相殺食)을 했으며, 더 나아가 부자와 형제 간에도 서로 잡아먹는 일이 있었다. 이 당시는 굶주림에 죽어가는 사람들이 속출하는 지옥 그 자체였다.

위정자의 실책이 일반 백성을 굶주림에 시달리는 짐승으로 만들었다. 이 당시의 정치는 굶주린 맹수보다 날카로운 발톱으로 일반 백성의 여린 가슴을 세차게 후벼 판 것이다. 정치의 무서움을 새삼 느끼게 한다.

병자호란에도 우리 백성의 수난은 끝나지 않았다. 군인과 부녀자를 합쳐서 60만 명 이상이 청나라에 끌려가 노예의 비참한 삶을 연명해야 했다. 병자호란에 의해 온 국민과 전 국토는 유린당한 것처럼 참혹하였다.

소빙하기는 우리의 역사에서 보기 드문 끔찍한 자연재해였다. 소빙하기는 몇백만의 백성을 굶주림으로 죽일 정도의 대기근을 초래했다. 이때도 살기 위해서 죽은 시신과 어린 자식의 인육을 먹어야 했다. 한마디로 슬픈 야수의 세계였다.

연이은 역사적인 대참상은 사회의 기반을 흔들 수밖에 없었다. 양란(兩亂)과 소빙하기의 혼란은 양반층을 증가시켰으며, 이로 인해 기존의 양반 지배층은 일시에 무너질 수 있다는 위기의식을 가지게 되었다. 혹독한 상황에서 양반층은 자신의 기득권적 지위를 지키기 위해 한 사람이라도 살려야 한다는 생각으로 종법제의 장자 중심주의를 강력한 사회 이념으로 채택하였다. 조선 중기의 종법제 가족주의는 초기의 양측적 친속 관계와 완전히 결별하고 사회 구조의 지각 변동을 일으켰다.

종법제 가족주의는 적장자 중심의 강한 수직적 위계 원리를 지향하고 있었다. 장자 중심의 종법제는 가족뿐만 아니라 양반 신분의 위계성을 정당화하는 강력한 이념적 보호막이었다. 종법제 가족주의는 무너지는 사회 속에서 양반 계층이 살아남기 위한 전략적 선택이었다. 현실적으로 종가(宗家)만이라도 존속시키기 위해 장자 중심의 상속제로 전환하였다.

장자 중심의 상속제는 재산 집중화를 통해 가문의 결속력을 강화하여 기존의 사회적 특권을 유지하기 위한 것이다. 이때부터 향촌 사회에서 씨족 중심의 동성촌(同姓村)이 나타났으며, 양반층의 증가로 살아남기 위해 양반 간에도 차별화가 이루어졌다.

종법제 가족주의가 도입되면서 장자 중심의 가문이라는 문중 의식이 생겨났다. 문중 내에서 장자 중심의 위계 원리는 문중의 결속력을 강화하여 집단주의 의식을 촉진하였다. 개인의 명예는 개인의 것이 아니라 가문의 사회적 몫이며 가문의 영광인 것이다. 개인의 지위는 가문의 지위에 의해 결정됐다. 개인의 목숨은 가문에 달려 있다고 해도 지나치지 않았다. 가문은 개인의 전부였다. 가문의 지위를 높이기 위해, 냉혹한 현실에 살아남기 위해 각 가문은 전쟁 같은 경쟁을 피할 수 없었다. 각 가문은 사회적인 인정을 받기 위해 히스테리적인 위세를 보였다. 간단히 말하면, 자랑할 수 있는 작은 단서라도 있으면 무엇이든지 가문의 상징으로 부각시켰다.

각 가문은 문중의 가치를 높이기 위해서 조상 중에 관료가 있거나, 사회적으로 유명한 사람이 있어야 했다. 문벌 가문이 되기 위해서는 조상 중에 고위관료, 유명한 학자, 절개를 지킨 충신, 나라에 충성한 사람이 필요했다. 사회적으로 존경받은 유명한 학자와 충신은 가문의 지위와 위세를 보증하는 사회의 인정서와 같았다.

각 가문은 자신의 조상을 자랑하기 위해 조상을 문묘 하는 문중서원(門中書院)이나 조상의 신주를 모신 사우(祠宇)와 조상의 위패를 모셔 놓고 제사를 지내는 가묘(家廟)를 경쟁적으로 설립하였다. 각 가문의 조상에 대한 히스테리적인 위세 자랑은 사회적으로 지체 높은 양반 가문으로 인정받기 위한 것에 지나지 않았다.

가문의 가장 빛나는 위세는 과거에 합격한 현직 관료를 두는 것이다. 현직 관료의 지위는 곧 가문의 지위며 위세다. 오늘날에도 가끔 우리의 친척 중에 장관, 판사, 검사 심지어 명문대 출신이 있다는 것을 자랑스럽게 여기는 것을 종종 볼 수 있다. 개인의 지위는 가문 전체가 공유하는 계급장이라는 의식과 무관하지 않다. 개인의 높은 지위가 가문의 위세와 자랑이 되는 것은 가족 히스테리에 기반하고 있다.

가문의 위세에서 족보(族譜)는 현직 관료만큼 중요한 대우를 받는다. 족보는 가문의 위세를 사회적으로 공인받을 수 있는 객관적인 홍보물이었다. 당시 족보는 양반 신분을 증명하는 수단이었으며, 족보가 없으면 양반 체면을 세우기 어려웠으며, 상인으로 전락하여 군역을 지는 등 사회적 차별이 심하였다. 유명한 조상이 기록된 족보는 문중 간에도 우월성을 과시하는 사회 인정서였다. 족보는 단순히 가계의 기록이 아니라 가문의 사회적 지위를 보증하는 공적인 서류이자 양반의 지위를 나타내는 사회적 증명서였다. 족보는 씨족을 중심으로 문중의 결속력을 강화하는 기능을 하였다.

족보는 가문 간에 경쟁이 촉발된 조선 후기에 집중적으로 간행됐다. 그런데 조선 후기의 족보는 역사적 근거가 매우 미약했다. 그 이유 중 하나는 조선 후기 족보의 근거가 되는 고려 시대의 족보가 매우 적었으며, 그마저도 기재 순서가 완전히 달랐다. 다른 하나는 조선 시대에 성(姓)을 가진 사람은 양반을 의미하기 때문에 전체 인구의 45% 정도는 성이 없었다.

조선 후기에는 성 자체가 없는 사람이 많았다. 조선 후기의 대부분 족보는 사실 근거가 매우 미약하여 위조가 많을 수밖에 없었다. 성이 완성된 것은 일제강점기였다. 일제는 효율적인 통치의 행정적 관리를 위해서, 성이 없는 사람들에게 원하는 성을 가지게 했다.

조선 후기의 사회 풍토도 위조 족보를 조장하였다. 당시 족보에 기재되면 상인은 양역을 면하고 천인도 양반 행세가 가능하여, 양반들은 이를 악용하여 돈을 받고 상천을 족보에 올리게 하였다. 정약용은 『목민심서』에서 귀신 장부인 군적에 이름을 올리지 않기 위해 간악하고 교활한 자들이 귀족의 족보를 훔쳐다가 무후(無

後)한 파(派)를 찾아 아비를 바꾸고 조상을 바꾼다고 하였다. 이처럼 오늘날 족보의 근간이 되는 조선 후기의 족보는 믿을 수가 없을 정도로 근거가 미약했다.

박홍갑(2016)에 의하면 김, 이, 박, 최 씨가 인구의 50%를 차지하고 있으며, 김해 김 씨가 440만 명, 밀양 박 씨가 310만 명, 전주 이 씨가 260만 명, 경주 김 씨가 180만 명이어서 왕족 후손이 1,200만 명이나 된다는 웃지 못할 결과가 나온다. 심지어 오늘날에는 족보의 90% 이상이 가짜라고 인식하면서, 자기 족보만은 진짜라고 생각한다고 한다.

인간은 사실관계를 떠나서 자신이 믿고 싶은 것을 믿으려고 한다. 족보를 통해서 자신의 존재감을 믿고 싶으며, 사회에서 부각시키고 싶은 것이다. 족보를 통해 가문의 지위를 자랑하고, 사회의 주인이 되기 위한 '족보 히스테리'는 가족 히스테리의 근간으로 작용하게 했다.

가족 히스테리는 개인의 지위와 명예를 가문의 자랑으로 사회의 관심을 도모하기 위한 것이다. 가족 히스테리는 수직적 위계 원리에 의해 가족 결속력을 공고히 하여 사회의 지위를 확보하기 위해 노력한다. 가족 히스테리는 네 가지 특징을 가지고 있다.

첫째, 장자 중심의 가부장적인 가족 히스테리를 들 수 있다. 요즈음은 많이 변했지만, 1970년대까지만 해도 가문의 지위를 높이기 위해 장자 중심의 집중적 투자와 남녀의 차별적인 대우가 당연한 것으로 여길 정도로 편재되어 있었다. 장자가 아닌 차남은 불만이 고조될 수밖에 없었으며, 가부장적인 여성의 차별 대우는 사회적으로 아직도 완전히 해결하지 못하고 있다. 경직된 장자 중심의 가부장적인 가족 히스테리는 사회의 부작용을 일으키는 원인이 되었다.

둘째, 효의 위계 원리로 인해 자녀에 대한 강력한 권한을 가진 부모의 가족 히스테리를 들 수 있다. 부모의 강한 위계적 권한은 자녀를 자신과 가족을 위하는 수단으로 보게 한다. 부모의 가족 히스테리는 효의 위계 원리에 의한 가족의 내부 통제에 대해 부모, 특히 아버지의 잘못된 막강한 권한도 정당화한다. 부모의 가족 히스테리는 자식을 가족의 명예를 지키는 수단으로 인식하게 하며, 자식을 위한다는 명분으로 어렸을 때부터 혹독하게 양육하는 것을 당연하게 여기게 한다. 부모의 가족 히스테리는 날카로운 잔인성을 숨기고 있어서 자녀에게 깊은 상처를 줄 수 있다.

셋째, 타인에게 보여주기를 위한 현시(顯示) 중심의 가족 히스테리를 들 수 있다. 우리 사회에서 자녀를 위하는 가족의 희생은 극진할 정도다. 대표적인 것이 고3 수험생을 둔 학부모다. 자녀 중에 고3 수험생이 있으면 부모도 고3이 되어 자녀와 같이 입시 준비를 한다. 보여주기를 위한 가족 히스테리는 입시 철이 되면 모든 종교에 극진하게 기도하는 모습에서 나타난다. 오로지 자녀의 학력(學歷)을 위해서다. 자녀의 학력은 가족의 지위를 상징하는 계급장이기 때문이다. 심지어 학부모들이 학원(學院) 선생님의 학력을 일류대 출신으로 지정하여 학력을 위조하는 일도 있었다. 적어도 자신들의 자녀가 일류대 출신에게 배우고 있다는 어처구니없는 자존심을 유지하기 위해서다. 어떤 학부모는 개인 과외 선생의 일류대 학력을 자신의 지위 수준으로 착각하여 자랑하는 일도 있었다.

넷째, 타인에게 과시하기 위한 지위 중심의 가족 히스테리를 들 수 있다. 지위 중심의 가족 히스테리는 타인의 관심과 주목 그리고 인정받기 위해 사회적 지위에 집착한다. 가문의 사회적 지위와 명예를 높이기 위해 의사, 판·검사, 변호사, 고위 관료, 교수 등을 사위로 맞이하려고 노력한다. 열쇠로 상징되는 수많은 지참금에 대한 투자를 주저하지 않는다. 한때는 사회적인 문제로 부각될 정도였다. 심지어 고시 연수생은 중매쟁이의 접촉 대상 일 순위가 되기도 한다. 지위 중심의 가족 히스테리는 결혼에서 사람이 중요한 것이 아니라, 그들의 명예를 높일 수 있는 지위가 중요한 것이다. 지위 중심의 가족 히스테리에서 사위의 지위는 자신의 지위를 위장해주는 액세서리에 불과하다. 지위 중심의 히스테리는 타인의 지위를 이용하여 자신의 깊은 열등 의식을 감추기 위한 것이다.

제4장

사회 속의 히스테리

제4장

✕

사회 속의 히스테리

1. 존재감을 자랑하고 싶은 과시 히스테리

　사람은 누구나 자기를 자랑하고 뽐내고 싶은 기본적인 욕망이 있다. 그 속에는 자신을 특별한 사람이라고 여기는 사회적 위세를 통해 타인과 구별 짓기를 한다. 자신의 위세를 보여주기 위해 사람들은 타인에게 과시를 한다. 과시는 타인을 의식하고 인정받기 위한 매우 중요한 사회적 표현이다. 때로는 무리할 정도의 사치와 허영으로 과시하려고 한다. 자신의 위세를 자랑하기 위한 과시는 열등감의 다른 표현이다. 과시는 동·서양을 막론하고 다양하게 나타났다.

　우리가 잘 아는 노블레스 오블리주(noblesse oblige)도 알려진 상식과 달리 귀족의 서열 과시에서 출발한 것이다. 엘리아스(Elias)에 의하면 귀족의 사회적인 생명은 명예였다. 일반 서민층에게 지위에 맞는 지출을 해야만 명예로운 귀족으로 대접받을 수 있었다. 지출할 돈이 부족한 귀족은 사회적인 책무를 인정받지 못하고, 귀족으로서의 존경과 명예는 한순간에 추락하여 귀족으로서 대우도 받지 못했다. 귀족은 수입이 없어도 지출만큼은 귀족의 지위에 따라 과시 의무를 수행해야 했다. 지출을 많이 하면 귀족의 지위는 상승하고 명예와 특권 의식을 가질 수 있었다. 노블레스 오블리주는 사회적으로 인정받고 체면을 유지하기 위해 과시적 소비를 하는 귀족의 자화상에서 출발하였다.

베블렌(Veblen)은 유한계급이 과시적 소비와 낭비를 하는 것은 자신의 우월적 지위를 자랑하기 위한 것이라고 했다. 과시적 여가 생활을 하는 것도 선택받은 특별한 사람으로 인정받기 위한 사회적 표현인 것이다. 학창 시절에 시험공부를 열심히 했지만, 반 친구에게는 안 했다고 하며 은근히 자신의 능력을 과시하는 여유를 즐기는 것과 심리적 차이가 없다. 과시적 여유와 과시적 소비 그리고 과시적 낭비는 타인에게 자신의 우월한 지위를 보여주기 위한 것으로 사치와 허영이 전제될 수밖에 없다. 심지어 부자들의 자선 기부도 자기 만족의 은근한 과시적 행위라고 할 수 있다.

베버(Weber)는 사치란 봉건 지배계층에게는 낭비가 아니라 자신을 사회적으로 과시하는 수단 중의 하나라고 예리한 통찰력을 보였다. 아들러(Adler, 1928: 257)에 의하면 허영심이 많은 사람은 자신이 중요한 사람인 것처럼 사치스러운 옷을 과장되게 입으며 눈에 띄게 잘난 척하며, 꿈에서도 자신의 허영심을 만족시키느라 바쁘다고 하였다. 사치와 허영은 타인에게 선택받은 사람으로 인정받기 위한 애처로운 사회적 과시의 다른 표현이다.

베블렌은 인간의 과시 행위에 대한 허영 심리에 대해서 재미있는 예화를 들었다. 폴리네시아의 추장들은 훌륭한 예법을 지나치게 강조하여 자기 손으로 음식을 집어 먹느니 차라리 굶어 죽는다고 한다. 프랑스의 어떤 왕은 불이 났는데도 옥좌를 옮기는 담당 관리가 없어서 그 자리에 앉아 있다가 큰 화상을 당했다고 한다. 과시와 허영심이 인간을 얼마나 추락시킬 수 있는지를 보여주는 사례이다.

한말 직전에 조선을 여행한 비숍(Bishop, 1897: 115)은 관찰자의 눈으로 과시적 사치와 허영심이 가득한 우리의 모습을 보여주었다. 그녀에 의하면, 훌륭한 고관은 배불리 먹고 술에 취해 마루에 뒹군다 하더라도 특권 계급으로서의 권위를 잃지 않았다. 오히려 술이 깨서 제 정신이 들면 그렇게 멋지게 술 마실 수 있는 여유와 재력에 대해 그들의 하인들로부터 축하를 받기도 하였다. 그때의 허영심에 대해서도 프랑스식 기계와 독일식 거울에 대한 취미와 함께 양주에 대한 기호가 젊은 양반 사이에 퍼지고 있다고 하였다. 과시적 사치와 허영을 쫓는 오늘날의 우리와 크게 다르지 않다.

건축가 유현준의 논지는 재미있는 상상력을 자극한다. 선사시대의 고인돌은 실제 쓸모가 없지만, 타 부족에게 자신의 힘을 자랑하는 과시의 수단으로 활용되었다. 높고 무거운 건축물은 권력자의 과시욕의 산물이었다. 파라오는 피라미드를, 진시황제는 만리장성을, 로마는 정복지마다 콜로세움을 세웠다. 미국은 유럽에 대한 열등감을 극복하기 위해 엠파이어스테이트 빌딩을 세웠다. 현재 초고층 빌딩을 짓는 나라는 선진국으로 인정받고 싶어하기 때문이라고 하였다.

엘리아스도 비슷한 논의를 하였다. 그는 귀족의 주택은 서열 과시욕에서 비롯됐다고 한다. 주택의 규모와 외부 치장은 소유자의 부가 아니라 오로지 계급적 서열로 인한 거주자의 과시 의무에 의해 좌우되었다. 주택은 실용적인 목적보다는 신분에 상응하는 특권 의식이 반영되어 있었다. 주택은 귀족의 과시욕을 표현하는 대표적인 상징물이었다. 주택에서 과시욕의 정점은 베르사유 궁전이었다. 이 궁전에는 1744년까지 시종을 포함하여 1만 명 정도가 살았다. 이 궁전의 대규모 위용은 실용적인 필요보다는 특권 소유자로서의 왕의 명예, 지위 그리고 권능을 표시하기 위한 것이라고 하였다.

사치와 허영을 통해 특별한 사람으로 인정받고 싶은 과시욕은 정도의 차이가 있지만, 인간의 기본적인 욕망이다. 우리 사회의 과시욕은 비교적 심각한 수준에 있다. 우리의 과시욕은 강한 평등 의식, 성리학의 체면문화, 적자생존의 사회경쟁, 가문 제일주의 등이 역사적으로 복합적으로 작동하여 나타났다. 우리의 과시욕은 특정 계층보다는 모든 계층에서 폭넓게 나타나고 있다.

한국인의 사회적 과시 행위는 이홍균(2006)의 5단계 리커트 척도법을 사용한 조사 연구에서 잘 나타난다. '우리 사회에서 옷을 잘 입고 다니면 대우를 받는 편이다'에서 '매우 그렇다'와 '약간 그렇다'의 긍정적인 응답은 62.3%, '별로 아니다'와 '전혀 아니다'의 부정적 응답은 13.5%로 나타났다. '비싼 차'에 대해서는 각각 79.7%와 7.5%, '비싼 집'에 대해서는 각각 76.3%와 7.1%로 나타났다. '물질적 부의 과시 경향'은 각각 89.2%와 2.2%, '타인을 의식하는 겉치레 성향'은 각각 85.2%와 2.8%, '유명 브랜드 선호'는

58.1%와 22.0%, '외모의 사회적 중요성'은 각각 84.4%와 5.8%, '타인이 우러러보는 자식의 직업적 지위에 대한 기대'는 각각 65.2%와 13.1%로 나타났다.

한국인의 과시행위에 대한 이종현(2008)의 5단계 리커트 척도법을 사용한 조사 연구에서도 비슷한 결과가 나왔다. '한국인은 전반적으로 과시 성향이 강하다'에서 긍정적 응답은 85.0%와 부정적 응답은 2.4%로 나타났다. '소속 집단을 과시하는 경향'은 각각 85.7%와 2.0%, '집안 배경을 과시하는 경향'은 각각 82.8%와 2.8%, '물질적 부를 과시하는 경향'은 각각 87.0%와 2.3%, '타인을 의식하는 겉치레 성향'은 각각 85.2%와 2.8%로 많은 차이를 보였다. 이 조사를 보면 한국인의 과시 행위는 폭넓게 전개되고 있으며, 매우 심각한 수준으로 나타났다. 우리 사회의 과시 행위에 대해 대다수 한국인은 전적으로 인정하고 있다.

우리 사회에서 과시욕이 잘 드러나는 것 중의 하나가 자동차다. 자동차는 눈에 띄기가 쉬워서 자신의 위세를 직접적으로 자랑할 수 있기 때문이다. 자동차를 보면 한국인의 과시 성향을 알게 한다. 한국인의 자동차 과시는 중·대형차와 고성능 수입차의 선호에서 잘 나타난다. 우리나라는 주차장과 도로가 좁아서 비싼 중·대형차가 좋은 것만은 아니다.

최창석(2014)에 의하면, 중·대형차(배기량 1500cc 이상) 점유율에 대해 2003년은 55.4%, 2006년에는 85.4%, 2008년에는 77.5%로 나타났다. 중·대형차 선호도를 보면 미국은 일본은 0.87, 미국은 1.70, 독일은 1.06, 프랑스는 1.74, 영국은 1.91이지만, 한국은 4.02로 압도적으로 세계 최고로 나타났다고 하였다. 다른 나라와 비교해도 우리 사회는 필요 이상으로 중대형차를 선호하고 있다. 우리의 도로 여건을 고려하면 중·대형차 선호는 자신의 위세를 과시하는 수단이다.

과시 수단으로 수입차는 더욱 절정을 이룬다. 수입차는 국산차보다 승차감, 조향장치, 코너링, 제로백, 고속 안정성, 세련된 실내·외 디자인 등에서 기술적으로 우월한 것은 사실이다. 그러나 우리나라의 도로는 구조상 150km 이상을 달리기가 어려워 개인적으로 국산 중형차면 충분하다고 생각한다. 수입차의 가격은 국산차보다 월등히 비싸다. 수입차의 AS는 매우 불편하고 수리비는 국산차보다 최소 3배 이상의 폭리를 취하고 있다. 수입차는 국산차보다 가성비(가격 대비 성능)가 월등히 떨어진다.

수입차의 비싼 가격과 수리비에 대한 불만은 오래전부터 제기됐지만, 그래도 한국인들은 수입차를 꾸준히 구매하고 있다. 한국인에게 중요한 것은 자동차가 단순한 이동 수단이 아니라 사회의 과시 수단으로 활용된다는 것이다.

고급 수입차의 구매를 보면 한국인의 과시욕 수준을 알 수 있다. 2017년 메르세데스-벤츠의 한국 판매량은 세계의 주요 선진국을 제치고 세계 5위에 이르렀다. 1억 원 중반대인 벤츠 S클래스와 8천만 원대인 E클래스는 중국과 미국에 이어 3위에 올랐다. 8천만 원~1억 4천만 원대인 스포츠세단 CLS도 한국은 중국, 미국과 함께 세계 3대 큰손이 되었다.

2018년에는 연일 경제가 어렵다는 경고음에도 벤츠 E클래스의 판매량은 미국을 제치고 한국이 세계 1위를 달성했다. 한마디로 비정상적인 상황이다. 2018년에도 메르세데스-벤츠 코리아의 판매량은 7만 798대로서 수입차 부분에서 단연 1위를 했으며, 세계 시장에서는 중국, 미국, 독일, 영국에 이어 5위를 차지했다. 한국 시장의 인구수와 1인당 GDP를 고려하면 놀랄만한 판매량이다. 2018년에 벤츠 S클래스는 국내의 대형세단인 EQ900보다 많이 팔렸다고 한다. 메르세데스-벤츠 코리아의 2018년 매출액은 약 7조 원에 달할 것이라고 한다.

김필수(뉴스1, 2018.9.29.)는 국내 고급 자동차 시장이 강남 아줌마 차로 인식됐던 렉서스에서 포르쉐·벤틀리와 같은 최고급 차로 이동하고 있으며, 차를 자산으로 보는 시각과 과시욕 등으로 인해 국내 경기와는 무관하게 최고급 자동차 판매가 꾸준하게 증가하고 있다고 하였다. 이런 예들은 한국인이 자동차를 통한 사회적 위세에 얼마나 집착하는지를 알게 해준다.

BMW 5시리즈의 한국 판매량은 세계 2위에 해당하며 3위가 영국, 4위가 독일이었다. 한국의 BMW 판매량은 5위인 1억 2천만 명의 인구를 가진 일본에 비해 4배의 판매량을 보였다. 세계 최고가 수준인 롤스로이스, 페라리 등도 한국에서 판매량이 날로 증가하였다. 2018년에는 주요 국가와 비교하여 작은 나라에 불과한 한국에서 수입 승용차가 200만대를 넘어섰다. 수입차 판매량은 우리나라의 GDP와 인구수를 고려하면 압도적으로 세계 1위에 해당한다.

한국인의 수입차에 대한 과시 욕구는 20·30세에 잘 드러난다. 한국에서 수입차는 가격도 매우 비싸지만, 유지비 역시 엄청난 비용 지출을 감수해야 한다. 수리비, 보험비, 자동차세 등의 수입차 유지비는 굉장히 높아서 한국의 안정적인 중산층도 매우 부담스러워할 정도다. 그리하여 무리해서 수입차를 샀다가도 유지비를 견디지 못해, 얼마 안 돼서 되파는 20·30세의 카푸어가 많이 양산되고 있다.

수입 중고차는 높은 유지비로 인해 중고 가격은 낮게 책정되고 있다. 수입차는 사는 동시에 가격 저하를 감수해야 한다. 그런데도 20·30대의 수입차 로망은 끊이질 않고 있다. 한국수입자동차협회의 2016년 연령별 수입차 구매량에서 20대는 7%, 30대는 38.2%, 40대는 29.4%, 50대는 16.6%, 60대는 6.5%, 70대 이상은 1.4%로 나타났다. 경제 수준을 고려하면 20대의 7%는 적은 수치가 아니며, 30대는 굉장히 높게 나타났다. 이렇게 보면 한국인에게 수입차는 자신의 존재감과 위세를 보여주는 과시 수단이라고 할 수 있다.

수입차를 위세로 나타나고 싶은 한국인의 왜곡된 과시 욕구는 2018년 BMW 520d의 차량 화재 사건에서 잘 나타났다. BMW 차량 화재 사건은 전 국민의 관심사였을 만큼 언론에서 연일 비판했으며, 우리 모두에게 굉장한 충격을 주었다. BMW 본사는 차량의 불량을 인정하고 리콜을 발표했지만, 오히려 전년도 7월 대비 전체 판매량이 24.2%가 증가하였다(조선비즈, 2018.8.6.). 2019년 2월에는 2018년식 520d의 물량이 모두 소진되어 여전히 인기를 과시하였다. 이런 상황은 한국인의 과시 욕구 외에 정상적으로 설명이 되지 않는다.

아우디 판매에서도 비슷한 현상이 일어났다. 2018년 평택항에서 차에 치명적인 바닷바람과 비를 1년 넘게 맞은 아우디 A7을 재고인 것을 고려해 10% 할인 판매를 개시한 지 하루 만에 모두 팔렸다. 전문가는 1년 넘게 방치된 기간을 고려하면 10% 싸게 산 것이 아니라 20% 비싸게 산 것이라고 지적하였다. 조금만 생각하면 1년이 지난 차를 10%만 할인하는 것은 매우 불합리한 가격이다. 그러나 세계에서 깐깐하기로 소문난 한국인 고객은 수입차 앞에서는 허무하게 무너졌다. 한국인의 수입차에 대한 허세 욕구가 만든 슬픈 자화상이다.

과시하고 싶은 허영심은 자녀의 사랑으로 위장하여 학부모에게도 나타났다. 우리나라는 고가의 아동용 명품 브랜드가 성행 중이다. 2017년 기준으로 구찌 키즈의 책가방(백팩)이 112만 원, 도시락 가방(런치백)은 약 100만 원, 프리미엄 아동용 외투는 약 200만 원, 아르마니 주니어 블랙 라인의 원피스가 72만 8천 원에 달했다. 특히 새학기를 두고 매장을 찾는 학부모들이 많다고 한다. 비싼 명품으로 치장하는 것은 자녀들의 기가 죽지 않기 위해서라고 하지만 충분한 이유가 못 된다. 자녀에게 불필요할 정도로 비싸다는 것이다.

아동의 마음은 명품으로 살 수가 없다. 사용 기간이 짧은 아동용 명품은 자녀를 위해서가 아니라 학부모 자신의 존재감을 보여주기 위해서다. 아동용 명품은 학부모들 사이에 경쟁적으로 팔리기도 한다. 지나친 가격의 아동용 명품은 학부모의 허영심이 만든 과시 욕구와 밀접한 관련이 있다.

2. 신분 차이를 확인하고 싶은 명품 히스테리

우리 사회에서 명품(名品)이란 단어가 등장한 것은 1970·80년 대라고 추정하고 있다. 당시는 고급 럭셔리 제품을 의미하는 것이 아니라 박물관, 미술관, 전시회, 청자 등 문화재와 관련이 있었다 고 한다. 고려청자 명품전과 같은 것이다. 명품이 패션, 시계 등과 같이 브랜드 가치로 쓰기 시작한 것은 1990년 이후라고 한다. 이 때부터 명품이 문화재에서 브랜드 가치로 상징되는 소비재로 바뀐 것이다(동아일보, 2018.8.15.).

명품이 브랜드 가치에서 신분 가치로 등장하면서 한국인의 명품 사랑은 해외 본사까지도 놀라게 하였다. 얼마나 많이 가지고 다녔으면 루이뷔통 가방을 3초 백, 구찌 가방을 5초 백이라고 불 렀다. 거리에서 3초에 혹은 5초에 한 번씩 볼 수 있다는 것이다. 우스갯소리로 명품 업계에선 한국인 모두가 VIP라고 한다.

오밀조밀한 생활 공간에서 살아온 한국인은 보이는 모습으로 상대를 평가하는 것에 익숙하다. 타인을 민감하게 의식하는 한국 인은 외양과 체면을 중요시한다. 명품은 자신의 위세를 보여줄 수 있는 사회 가치를 반영하고 있다. 한국인에게 명품은 보여주는 신 분의 상징체다. 반대로 명품이 없으면 한국인이 제일 싫어하는, 보이지 않는 무시를 당할 수 있다는 생각을 한다. 실제로 오성급 호텔에서 국민차를 몰고 갔을 때에 객실 안내원의 태도와 고급 백 화점에서 일상복을 입고 명품 가게를 둘러볼 때에 점원의 태도가 다르다는 것을 느낄 수 있다. 자연스럽게 온 국민이 최소 명품 가방 하나 정도에는 매달릴 수밖에 없게 된다.

그래서 한국을 명품 공화국이라고 부른다. 뉴욕타임스에 따르면 2015년 기준으로 한국의 명품 시장 규모는 세계 8위에 해당했다. 미국이 733억 달러, 2위 일본은 204억 달러, 3위 이탈리아는 182억 달러, 4위는 프랑스 173억 달러, 5위 중국 169억 달러, 8위인 한국은 103억 달러(11조 2,837억 원)로 나타났다. 한국의 경제 규모와 인구수를 고려하면 세계에서 거의 1위에 가깝다고 해도 지나치지 않다. 실제 2015년 한국의 면세점 사업은 세계 시장 점유율 14.4%로 2위인 중국의 7.3%를 압도하였다.

글로벌 시장조사기관인 유로모니터는 2017년 한국의 명품 시장 규모를 약 14조 5천억 원으로 추산하였다. 세계 15권인 내수 시장 규모에 비교하여 명품 시장 규모는 세계 8위에 해당하여 명품 구매력은 세계 최고 수준에 있다고 할 수 있다. 해외 명품 업체들은 "한국은 유럽 명품 브랜드의 리트머스 시험지 같은 나라"라고 한다. 유럽 명품 업체들은 자국을 제외하고 한국에서 가장 먼저 출시하여 시장 반응을 먼저 보고, 한국에서 성공하면 미국, 중국, 일본 등에서 판매를 한다. 한국인의 명품에 대한 사랑을 넘어선 집착은 세계에서도 두드러질 정도다.

한국인은 왜 이토록 강하게 명품에 집착할까. 한국인은 명품이 신분 차이를 반영하고 있다는 심리적 환상을 가지고 있다. 명품의 사회 가치는 신분적 구별 짓기의 보이지 않는 심리적 기준이 되고 있다. 명품의 기능이 중요한 것이 아니라 자신의 신분적 존재감을 보여주는 명품 그 자체가 중요한 것이다. 이렇게 명품을 가지게 되면 자신이 특정의 신분 집단에 소속된 것처럼 느끼게 되는 동일시 현상을 보드리야르는 파노폴리 효과(Panoplie effect)라고 하였다. 명품 추구는 뇌의 착각이 주는 허구의 만족감을 통해 신분적 도취감을 가지게 한다.

그래서 명품은 수요와 공급의 경제학 법칙도 적용되지 않는 베블렌 효과(Veblen effect)에 의해 설명된다. 베블렌 효과는 신분 과시를 위해 가격이 비싸면 사고, 오히려 가격이 내려가면 사지 않는 것을 말한다. 비싼 희귀한 물건의 소유는 특별한 사람으로서 신분 가치를 높여준다는 허영심에서 비롯됐기 때문이다.

엘리아스에 의하면 어떤 귀족 부인이 강아지에 관심을 가진 것은 매력적인 모습이나 온순한 성격이 아니라 강아지의 매우 비싼 가격 때문이며, 남편은 돈을 벌고 부인은 사치를 통해 과시한다고 하였다. 명품의 사회 가치가 높은 것은 일반인이 접근할 수 없는 매우 비싼 가격으로 인한 희귀성을 통해 신분 과시를 할 수 있기 때문이다.

비싼 가격의 명품은 그 자체로 사회적 존재감을 높여준다. 명품으로 가면을 쓴 비싼 가격 자체가 신분 차별이며, 사회적 위세가 된다. 역설적으로 신분적 가치를 보증하는 명품은 고가일수록 잘 팔린다. 가격으로 신분적 존재감이라는 환상을 사는 것이다. 따라서 명품은 물건을 신처럼 숭배하는 물신화(物神化)의 정점에 있다고 할 수 있다.

한국인은 명품을 통해 타인의 관심과 사랑 그리고 인정을 산다. 명품을 통해 사회의 주목을 받고 싶은 것이다. 한국인의 명품 사랑에 대한 허상에 대해 인터넷의 한 커뮤니티에서 재미난 실험을 하여 화제가 된 적이 있었다.

포토샵으로 프라다의 브랜드 로고를 지웠을 때와 그렇지 않았을 때의 반응을 살펴보았다. 브랜드 로고를 지우고 '3만원이면 살까요?'라는 물음에 대한 댓글에서 '엄마 계모임 갈 때 드는 것과 같다', '차라리 고속버스 터미널에 가라', '그게 뭐냐'라는 등과 같이 비하하였다. 그러나 같은 물건에 '프라다'라는 명품 브랜드 상표를 붙이자 누리꾼들의 반응은 완전히 달랐다. '진짜 예쁘다', '얼마 줬니', '이번 신상품, 잡지에서 본 것 같다', '가끔 드는데, 진짜 좋고 예쁘다'는 등의 칭찬으로 도배하였다.

성영신(2018)의 명품 로고에 대한 뇌 반응 연구에서도 비슷하게 나타났다. 명품 로고를 보면 보상 기대와 관련된 뇌 영역인 전대상회가 더욱 활성화되었다. 전대상회는 음식이나 성욕 같은 신체적인 욕구가 아니라, 돈이나 칭찬 같은 사회적인 욕구를 만족할 때 활발해진다. 명품을 통해 자신의 과시욕이나, 물질 추구욕이 충족될 것이라고 기대하면 뇌 신경이 먼저 반응한다는 것이다.

비슷한 유명한 실험이 있다. 블라인드 시음 테스트를 할 때는 코카콜라보다 펩시콜라가 맛있다고 하지만, 실제는 코카콜라를 산다고 한다. 어떤 브랜드인지 모르고 마시면 코카콜라와 펩시콜라 모두, 뇌의 복내측 전전두피질에서 똑같이 활성화된다. 코카콜라 브랜드를 보면, 과거에 경험했던 코카콜라의 긍정적 광고와 마케팅 활동을 떠올리면서 코카콜라를 선택한다. 뇌가 브랜드를 사고, 뇌가 브랜드를 마신다고 할 수 있다.

이런 실험은 명품이라는 상품보다는 브랜드라는 상표에 집착하는 허상을 적나라하게 보여준다. 명품으로 자신의 열등감을 감추고 존재감을 보여주려는 것이다. 명품이 예쁜 것이 아니라 브랜드가 아름다운 것이다. 명품은 상품을 파는 것이 아니라 브랜드라는 가치를 파는 것이다. 명품은 상품의 사용가치보다 교환가치가 중요한 것이다. 보드리야르가 언급했듯이 상품을 사는 것이 아니라 신분 차이를 구별하는 기호 가치를 사는 것이다. 명품을 소비하는 것이 아니라 명품 기호를 소비하는 것이다.

한국인은 명품을 살 수 없으면 짝퉁이라도 가지고 다닌다. 2017년 기준으로 우리나라의 짝퉁 암시장 규모는 30조 원으로 세계 12위에 해당할 정도다. 2018년에는 정가 2,500억 원대 달하는 중국산 짝퉁 명품 시계 3,700여 점을 수입·유통하는 조직을 적발하였다. 해외에서 밀수해오는 짝퉁을 적발하는 뉴스는 심심찮게 나오고 있다. 짝퉁 시장의 규모는 신분 위세를 자랑하고 싶은 한국인의 욕망 강도라고 할 수 있다. 사회적 무시와 차별을 싫어하는 한국인의 명품 사랑은 열광적이라고 할 수 있다.

한국인의 명품에 대한 지나친 집착은 명품 업체를 오만하게 하는 원인이 되었다. 2015년, 한국의 명품 가격을 100이라고 하면, 선진국은 70.5에 불과했다. 한국 소비자들에게 30% 정도 바가지를 씌운 셈이다. 그해 8월에는 정부가 소비를 활성화하기 위해 개별소비세 과세 기준을 완화했지만, 효과가 없어서 두 달이 채 되지 않아 과세 기준을 원상 복귀했다. 세금을 내려도 가격을 내리지 않은 명품 업체의 오만함 때문이다. 소비자에게 돌아가야 할 몫을 명품 업체들이 챙긴 것이다. 창피하지만 정부만 머쓱해졌다. 이렇게 비싸도, 무시당해도 굳건하게 사는 한국인의 명품 사랑이 문제다. 럭셔리 브랜드를 통해 신분 비교에서 오는 쾌감, 정복감 등의 자아도취감을 주는 뷰캐넌 증후군(Buchanan syndrome)과 무관하지 않다.

해외 명품 업체에선 한국인 고객을 글로벌 호갱이라고 부른다. 수입품이면 좋아하다 못해, 정신을 못차리는 '명품 사대주의'와 다를 바가 없다. 전자제품 판매에서 해외 판매 담당자들은 한국은 비싸야 잘 팔린다는 인식으로 언제나 고가 정책을 고수하고 있다. 2018년 무선 청소기의 다이슨은 할인해도 미국에서보다 20만 원이 더 비싸다. 국내 제품인 자동차와 TV가 미국에서 수백만 원에서 수천만 원이 더 싸게 팔리고 있는 것은 대부분 잘 알고 있는 사실이다.

한마디로 국제 시장에서 한국인은 봉이 된 글로벌 호갱이다. 글로벌 호갱은 스스로 명품을 섬기고, 스스로 명품의 노예로 자인하는 것이다. 자존감의 부족이 초래한 결과다. 한국인은 멀리 있는 해외 명품 업체의 무시는 참아도, 가까운 지인의 무시는 못 참는 정도가 아니라 오히려 공격적으로 대응한다. 한국인 자존심의 이중적인 성격을 보여준다.

스스로 명품의 노예라고 자인하는 상황에서 한국의 해외 명품 업체는 오만해질 수밖에 없다. 2018년 샤넬은 새해 벽두부터 한국에서만 11%의 가격 인상을 시도했다. 샤넬은 지난해에도 뚜렷한 이유 없이 가격을 인상했으며, 해마다 관행처럼 가격 인상을 주도하고 있다.

루이뷔통은 지난 11월 시작으로 2월과 3월에 연속으로 가격을 인상했으며, 구찌, 발렌시아가, 에르메스도 가격 인상을 하였다. 해외 명품 업체들은 유독 한국에서만 고가 정책을 고수하고 있다. 해외 명품 업체의 이런 오만한 가격 인상은 거의 한국에서

만 일어난 현상이다. 인상 이유를 물으면 '글로벌 본사의 가격 방침'이거나, '판매가는 회사 기밀'이거나, '인상이 아니고 조정이다.'라고 하며 심지어 대답 자체를 거부하기도 한다. 세계 초일류의 해외 명품 업체들도 답변하기가 궁색했던 모양이다.

한국에서 해외 명품 업체의 판매량과 이익이 엄청나다는 것은 잘 알려진 사실이다. 그러나 명품 업체들의 기부금 실적은 매우 인색하고 초라하여 사회의 지탄을 받고 있는 실정이다. 특히 엄청난 판매 이익을 얻는 샤넬은 높은 업무 강도로 고통받고 있는 노동자에 대해 불합리한 처우를 하였다. 샤넬 노동조합이 파업하면서 사용자 측에 요구한 것은 어처구니없게도 1인당 평균 월 6천 원 인상이 고작이었다. 연 7만 2천 원에 불과하였다.

초보적인 인권도 지키지 않은 샤넬의 황당한 횡포는 우리를 분노케 하지만, 안타깝지만 스스로 명품의 노예가 된 우리가 자초한 결과라고 할 수 있다. 신분을 높이기 위해, 존중받기 위한 명품 구매가 역설적으로 보이지 않는 무시와 차별의 원인이 되고 있다. 불편하지만 무리하게 신분 허상에 집착한 대가라고 할 수 있다. 글로벌 호갱이란 타이틀이 그냥 붙여진 것이 아니라는 생각이 든다.

인스타그램(Instagram)은 신분 허상에 집착하는 인간의 초라한 단상을 직접 보여준다. 인스타그램은 모바일 중심의 소셜미디어로 사진 한 장이나 동영상을 올려서 자신의 신분과 위세를 자랑하는 곳이다. 고가의 명품들로 치장하고 부모의 재력, 학력, 경력, 미모, 멋진 남자 친구 등을 가진 여성이 어린 나이일수록 스타로 등장한다. 인스타그램의 셀럽이 되기 위해서는 많은 사람의 까다로운 인증을 통과해야 한다. 심지어 진짜 인증 여부를 가리기 위해 법정 소송으로 가기도 한다.

인스타그램에서 셀럽으로 불리는 여왕이 있고, 추종자인 시녀도 있다. 시녀의 팔로워 수가 5만 명이 되기도 한다. 웬만한 연예인 수준을 넘는다. 여왕의 눈에 띈 시녀는 명품 셔츠 등을 팔거나 홍보해준다. 주권이 보장된 오늘날 사회에서 스스로 여왕의 노예가 된 것이다. 사회의 주목을 받는 높은 신분의 여왕과 친하다는 심리적 착각은 자신도 그와 비슷한 지위에 있다는 신분 허상에 집착하게 한다. 인간이 무의식적으로 사회적 신분을 얼마나 갈망하고 있는지를 보여주고 있다. 이러한 현상은 자신이 만든 허구를 진실이라고 믿고 거짓말과 행동을 반복하는 리플리 증후군(Riplery Syndrome)을 떠올리게 한다.

사회의 관심을 받기 위해 자기가 만든 허구의 틀인 신분 허상에 대한 집착은 중독으로 이어진다. 집착이 강하면 중독이 된다. 신분 허상에 대한 집착은 명품 집착으로 변하여 심하면 명품 중독으로 이어진다. 명품 중독은 인정 중독에서 타인 중독으로 연결된다. 전문가들은 중독은 단순한 습관이 아니라 '뇌의 쾌락 중추에 이상이 생겨 나타난 뇌 질환'이라고 진단한다. 알코올, 헤로인, 코카인, 니코틴에 의한 약물 중독과 도박과 인터넷에 의한 마음 중독도 도파민의 균형이 깨진 것이다.

도파민은 뇌 신경 세포 간에 어떤 신호를 전달하기 위해 분비되는 신경전달물질 중의 하나다. 신경 호르몬인 도파민은 칭찬, 포옹, 승리 등의 좋은 일이 있을 때, 기쁨, 흥분, 행복 등과 같이 쾌감을 준다. 뇌 속에 도파민 분비가 과도해지면 중독뿐만 아니라 환각과 과대망상을 일으킨다. 중독은 집착에서 시작한다. 집착이 커지면 어느 순간 중독으로 변한다. 명품 중독은 결국 마음 중독이다.

행동주의 심리학의 한 실험은 중독에 대해 매우 성찰적인 시사를 한다. 실험용 쥐에게 상자 속의 모래 위에 음식을 주던 것을, 눈에 보이지 않게 모래 속에 숨겼다. 쥐는 냄새를 맡아 모래를 파고 음식을 찾아 먹기 시작하였다. 차츰 더욱 깊숙이 모래 속에 파묻었지만, 쥐는 자연스럽게 음식을 찾아 먹을 정도로 강화되었다. 시간이 흐름 다음에 모래 위에 다시 음식을 두었지만, 쥐의 반응은 충격적이었다. 쥐는 모래 위의 음식을 거들떠보지 않고 계속 모래만 파는 것이다. 자신도 모르는 사이에 모래를 파는 행위 자체에 중독된 것이다. 이 쥐는 죽을 때까지 모래를 파는 행위를 그치질 않았다고 한다.

인간도 이 쥐의 운명과 큰 차이가 없다. 자기도 모르는 사이에 집착이 커지면 차츰 중독으로 변하기 때문이다. 일상에서 게임 중독, 명품 중독, 도박 중독, 쇼핑 중독, 성 중독, 일 중독을 보면 알 수 있다.

개인적인 경험이지만 한창 논문을 쓸 때의 일이다. 논문이 주는 창작의 고통은 매우 심하다. 논문을 끝내면 이런 고통에서 벗어나기 때문에 매우 기뻐해야 한다. 논문을 마치자마자 예상과 다르게 '다음 논문은 무엇을 쓰지'라는 불현듯 깊은 불안감이 먼저 엄습해왔다. 언제부터인지 논문을 안 쓰면 존재감이 상실된다는 느낌을 받았다. 순간적으로 나도 모르게 일 중독에 걸렸다는 것을 알았다. 자신도 모르게 논문이 전부라는 인식이 무의식의 깊은 구석에서 조건 강화됐던 것이다.

부처는 모든 마음의 병은 집착에서 시작된다고 하였다. 매우 간결하지만 놀랍고 깊이 있는 통찰이다. 타인을 의식하는 마음의 중독은 작은 집착에서 시작하여 중독으로 변한다. 마음의 중독을 벗어나기 위해서는 작은 집착부터 견제해야 한다. 명품 중독은 타인에게 신분 차이를 보여주고 싶은 히스테리 증세에서 비롯된다. 명품 중독은 인정 중독이며 타인 중독이다. 명품 중독은 무의식적으로 타인을 의식하여 생긴 마음의 병이다.

마음 중독에 벗어나기 위해서는 타인을 의식하지 말아야 한다. 독일의 메르켈 총리는 놀라울 정도의 소박한 옷을 입기도 하지만, 바람결에 머리카락이 흐트러져도 전혀 개의치 않고 당당하게 걷는 모습으로 많은 사람에게 깊은 인상을 주었다. 메르켈 총리는 그 자신이 명품이었다. 명품을 걸치지 않아도 빛나 보였던 것이다.

명품으로 위장하는 것은 자신의 내면 속에 숨어 있는 깊은 열등감을 감추기 위해서다. 자신이 명품이고 마음이 명품이면 굳이 외양인 명품을 걸치지 않아도, 당당하고 아름다워 보인다. 스스로 명품이 되는 것은 자기 자신의 주인이 되는 것이다. 다음의 시「마음이 좋아한 사람」에서 마음이 명품인 사람은 낯선 사람인 모르는 타인을 조건 없는 사랑을 하는 것을 의미한다.

마음이 좋아한 사람

마음이 약한 사람은
보석을 좋아 합니다.

마음이 가난한 사람은
상표를 좋아 합니다

마음이 사치스런 사람은
물신物神을 좋아 합니다.

마음이 비워진 사람은
자신을 좋아합니다.

마음이 명품인 사람은
낯선 사람을 좋아 합니다.

출처: 강창동(2016). 시간의 가장자리.

스스로 명품이 되려면, 마음속의 타인을 지우는 것부터 시작해야 한다. 불교의 무명초(無名草)는 좋은 의미가 있다. 불교에서는 머리카락을 무명초라고 부르며 세속적인 욕망의 상징으로 본다. 머리카락은 지혜를 어둡게 하는 원인이라는 것이다. 미용사들은 멋의 70%는 머리 모양에서 나온다고 한다. 다소 과장됐지만 일리는 있다고 생각한다. 머리 모양은 타인에게 보여주기 위한 것으로 멋의 시작이라고 할 수 있다.

지금은 그렇지 않지만, 오래전에는 어린 딸들이 사고를 치거나 말썽을 부리면, 집 밖에 못나게 하기 위해 그 시절의 말로 표현하면 머리를 홀딱 깎았다. 머리를 홀딱 깎은 것은 타인을 만나지 못하게 하기 위한 것으로 당시에는 치명적일 정도로 창피하고 수치스러운 일이었다. 머리는 타인에게 보여주기 위한 것이며 세속적인 멋의 상징이기 때문이다.

스님이 삭발하는 것은 타인을 의식하지 말고, 비교하지 말고, 세속에서 벗어나 스스로 자신이 명품이 되기 위해 구도에만 전념하라는 의미를 담고 있다. 스님의 삭발은 마음속에 있는 타인을 지우기 위한 강한 의지의 표현이라고 할 수 있다.

타인을 지우기 위해서는 시간 속에 남아 있는 타인도 함께 지워야 한다. 시간 속의 타인은 기억에 의해 만들어진 집착이다. 과거의 타인은 기억된 집착이며 미래의 타인은 기억될 집착이다. 현재라는 순간의 타인은 망각된 집착이다. 과거의 타인은 무의식에 깊은 상처를 내며, 미래의 타인은 의식에 엄청난 부담감을 준다. 과거에 구속되지 말고, 미래에 기대지 말아야 한다. 집착이 없어지려면 시간이 만든 세속적인 환상에서 벗어나야 한다. 다음의 시 「시간 속 사람」은 인간은 시간 속의 타인이 만들어 준 기억의 굴레라는 집착에 벗어나기 위해서 현재라는 순간 속의 망각을 강조한 것이다.

현재의 낯선 친밀함

과거에 있는 사람은
절망감으로 현재를 상처내고
미래에 있는 사람은 열등감으로
현재를 유혹하여

과거와 미래에 짓눌린 현재는
낯선 얼굴로 친밀한 타인처럼 다가오며
과거와 미래의 울타리에
작은 구멍을 내준 것은 언제나 현재여서

현재는 말한다 기억하지 말라고
현재는 말한다 생각하지 말라고
그리고 너의 친구는
지금 이 순간 바로 여기라고

출처: 강창동(2016). 시간의 가장자리.

시간 속 사람

과거를 말하는 사람은
깊은 기억 속에서
조각난 가슴을 더듬고

미래를 말하는 사람은
기쁜 환각 속에서
균열된 기억을 더듬으며

현재를 말하는 사람은.
찬란한 순간 속에서
텅 빈 망각을 더듬습니다.

현재가 아름다운 것은.
기억 없는 영원이 회귀해서입니다.

기억 없는 현재는
머문 자리가 없어서 향기롭습니다.

출처: 강창동(2016). 시간의 가장자리.

3. 우월성을 대접받고 싶은 갑질 히스테리

갑질이란 갑(甲)과 을(乙)의 권력 관계에서 우월한 지위에 있는 갑이 약자인 을에게 부당한 행위를 강요하는 것이다. 갑질이 한국 사회의 주목을 받게 된 것은 2014년 말에 일어난 대한항공 총수 일가인 조현아 전 부사장이 땅콩 제품 서비스를 문제 삼아 비행기를 되돌린 사건에서다. 기내 서비스로 땅콩을 까서 주지 않은 승무원들에게 막무가내로 고함을 지르면서, 규정을 설명하는 사무장을 비행기 밖으로 쫓아내고 비행기의 이륙을 막으면서 회항시킨 전대미문의 사건이었다. 국민들은 큰 충격을 받았고 세계 언론의 조롱거리가 되었다.

그동안 수면 아래에 숨었던 갑질이 땅콩 사건을 계기로 우리 사회에 본격적으로 수면 위로 부상하였다. 우리 사회는 역사적으로 오랫동안 갑질 행위가 지속해서 있었다. 성리학 이념의 경직된 위계 관계, 역사의 가혹한 시련에 의한 약육강식의 경쟁, 평등 의식으로 생긴 강한 주인 의식 등의 모든 과정은 우리의 일상에서 갑질의 불평등한 권력을 자연스럽게 스며들게 하였다. 갑질 행위는 다양한 형태로 우리 사회에서 암약하였다. 갑질이 주목받을 수 있었던 것은 우리 사회의 수평적인 인권 의식의 고양과 성숙한 조직 관리에 대한 요구가 많아졌기 때문이다.

갑질은 지배자와 피지배라는 권력 관계가 있으면 자연히 수반되는 현상이다. 갑질은 불평등한 권력 관계가 빚어낸 인격 착취와 같다. 인류 역사에서 권력 관계가 있는 곳이면 갑질이 존재하게 마련이다. 문화 차이에 따른 갑질 형태와 정도의 차이가 있을 뿐이다. 특히 우리 사회가 갑질에 큰 관심을 두게 된 것은 갑질의 정도가 심하며, 곳곳에 퍼져 있어서다. 대다수 사람은 갑질을 우리 사회를 피폐시키는 매우 심각한 사안으로 보고 있다.

우리 사회에서 갑질이라는 부당 행위는 매우 거칠고, 거의 폭력적으로 자행되고 있다. 1960·70년대에 '억울하면 출세하라'는 말이 유행했었다. 이 말은 치열한 노력을 통해 사회의 주인이 되라는 전형적인 히스테리 성향을 담고 있지만, 출세 못 하면 억울한 일을 당할 수 있다는 갑질을 암시하고 있다. 개인적으로 이 말은 아직도 유효한 것 같다. 역사적으로 한국 사회만의 독특한 이유가 있겠지만, 심리적으로 갑질은 자존감이 부족한 존재감 상실이 가장 큰 원인이다. 갑질의 그림자 속에는 존재감을 상실한 보이지 않은 깊은 열등감을 내재하고 있다. 우리 사회의 갑질은 크게 두 가지의 심리적 원인이 있다.

첫째, 특권 의식을 확인하고 싶은 '자기애적인 갑질'이다. 자기애적인 갑질은 자기애적 성격장애에서 비롯된다. 자기애적 성격장애는 오로지 자기의 욕구만 알고, 타인의 고통을 이해하지 못하고 타인을 착취한다. 타인보다 언제나 자기가 우선이며, 공감 능력과 자존감이 매우 부족하다. 자기애는 타인의 욕구에 관심이 없지만, 자신의 중요성을 과대평가하여 자신이 우선이고 주인이라는 특권 의식을 가지고 있다. 칭찬에 대한 욕구가 강하며 자신을 특별하다고 생각하며 거만하고 방자한 행동을 한다.

심한 경우에는 도덕성의 결여와 양심의 가책을 느끼지 않은 반사회적인 파괴 행위를 서슴지 않는다. 자기애성은 자신이 주인 공이므로 자신의 결정을 모든 사람이 따라야 한다는 점에서 히스 테리 군에 속한다. 자기애적 성격장애는 일반적인 히스테리보다 더 잔인하고 죄의식을 느끼지 않는다. 자기애적 성격장애는 타인 의 고통을 이해하지 못하며, 타인에게 냉담한 태도를 보인다. 자 기만 생각하는 자기애가 지나치면 소시오패스(sociopath)와 구분되지 않으며, 심지어 사이코패스(psychopath)와도 구분하기 어렵다. 자기 애적 성격장애의 대표자는 히틀러(Hitler)와 스탈린(Stalin) 같은 독재 자를 들 수 있다.

　자기의 욕구만 아는 자기애적인 갑질은 살아오면서 타인의 고통을 이해할 기회를 받지 못할 경우에 나타난다. 자신의 욕구만 아는 자기애적인 갑질은 자신만 충족시킬 수 있는 부유하거나 권 력가의 환경에서 성장한 배경과 무관하지 않다. 자기애적인 갑질 은 주로 기업 사주와 재벌 2세 그리고 사회의 권력자 등에서 나타 날 수 있다. 대표적인 사건이 대한항공 사주 가족인 모녀의 갑질 이다.

　모녀의 갑질은 인터넷 동영상에서 일상에서 보기 힘든 모습 을 보여주고 있다. 모녀는 아랫사람들을 거의 짐승으로 취급하면 서, 그들을 향해 목구멍에서 쓴 가래가 나올 정도로 악쓰며 소리 를 고래고래 지르고 집기를 난폭하게 던지거나 밀치기도 하였다. 동영상으로 이 모습을 본 국민들은 경악할 정도의 충격을 받았다. 급기야 CNN(2019.2.22.)은 서울발 기사에서 대한항공 총수 일가가 그동안 전횡한 갑질 행태를 대서특필하여 상세히 전했다. 한 마디 로 나라 망신이다.

개인적으로 바다 항구에서 겨울의 세찬 바람을 맞으며 목숨을 내놓을 듯이 악을 쓰며 거칠게 일하는 여성들을 보고 자랐지만, 대한항공 모녀의 갑질 행동은 처음 접할 정도로 상상 그 이상이었다. 도저히 정상적이라고 보기가 어려웠다. 모녀의 행위에는 특권 의식으로 가득 차 있어 자신의 욕구에만 충실하고 타인을 착취하는 것에 대한 죄의식을 느끼지 못하는 전형적인 자기애적인 갑질이라고 할 수 있다.

둘째, 존재감을 보여주고 싶은 '히스테리적인 갑질'이다. 갑질의 심리적 근원에는 깊은 열등감을 위장하고 자신의 존재감을 확인하고 싶은 인정 욕망이 숨어있다. 일상에서의 대다수 갑질은 존재감을 보여주기 위한 히스테리적인 성격을 가지고 있다.

식당에서 식사를 마친 미스터 피자의 사주는 건물의 문이 닫히는 밤 10시 30분에 나왔지만 경비원이 10시에 먼저 문을 닫아 건물 안에 갇히게 되었다는 이유로 경비원을 폭행하였다. 물론 경비원이 잘못한 점이 있지만 폭행을 당할 정도로 심했는가이다. 충분히 조용히 넘어갈 수 있는 사안이었지만, 감히 자신을 몰라보고, 자신의 존재감을 무시했다는 사주의 내면에 있는 깊은 열등감이 폭발한 것이다. 전형적인 히스테리적인 갑질이다.

일상에서 존재감을 드러내고 싶은 한국인의 예는 다양하다. 지금은 많이 사라졌지만 '내가 누구인줄 알고 감히 날 무시해'하는 한국인 특유의 허세 존재감이 있었다. 관공서나 경찰서 등에서 심심찮게 보는 모습이었다. 음주 측정을 하면 '나 고위직의 누구를 아는 사람이야, 그 사람 바꿔줘'하며 기죽지 않은 허세 존재감을 경찰에게 내세우는 것은 지위, 학력, 연령 구분 없이 나타났다. 이런 현상은 생각보다 오래 지속되었지만, 녹화·녹음 기기의 사용이 활성화되면서부터 거의 사라졌다. 과거에는 상황이 불리하거나, 차별을 당한다고 생각하면 한국인은 '나 힘 있는 사람을 안다'는 특유의 허세 존재감을 표출한다. 이런 존재감은 힘 있는 사람을 안다는 허세를 통해 문제를 해결하려는 히스테리적인 갑질의 다른 형태다. 허세 존재감은 가족주의 인식과 궤를 같이하는 한국인 특유의 과시 욕구와 관련이 있다.

갑질 행위의 심리적 근원은 자기애의 형태와 히스테리의 형태가 있다. 사실 이 두 형태는 뚜렷이 구분되기도 하지만, 모호한 경계선을 가지고 있기도 하다. 선택된 특별한 사람을 요구하는 자기애도 히스테리 군에 속해 있기 때문이다. 한국에서 갑질은 힘 있는 사람에게만 보이는 것은 아니다. 현시욕과 과시욕이 강한 한국인은 기회가 있으면 갑질 행위로 존재감을 나타낸다. 사회의 주인이 되고 싶은 한국인의 히스테리 욕망은 갑질 행위를 통해 사회적인 과시를 보인다.

한국에서 갑질은 도처의 보이지 않는 곳에서 나타나고 있다. 한국인의 부당한 갑질 유형은 다양한 계층에서 폭넓게 나타나며, 심지어 기회가 있으면 을도 갑질을 한다. 다양한 계층에서 일어나는 한국인의 갑질 유형을 간단히 살펴보면 다음과 같다.

첫째는 권력자의 갑질 유형이다. 갑질은 권력의 편중에서 비롯된 부당한 대우에서 나온다. 갑질은 그 자체로 권력이다. 인격의 내공이 없는 권력자는 갑질의 유혹에 쉽게 노출될 수밖에 없다. 권력자의 갑질 특징은 타인의 고통을 이해 못 하는 자기애적인 갑질 형태를 보이고 있다. 기업 사주에 의한 갑질이 대표적이다. 대한항공 사주 일가의 모녀 갑질은 언론에서 세밀하게 밝혔듯이 거의 주인과 노예의 수준인 대표적인 권력자의 갑질 형태다.

우루사로 잘 알려진 대웅제약의 젊은 회장은 직원에게 상습적으로 욕설과 폭언을 하였다. 공개된 음성 파일에 의하면 "정신병자 XX 아니야, 이 XX야 왜 그렇게 일해, 미친 XX야, 정신병자 X의 XX, 이 XX, 미친X"라는 입에 담지 못할 폭언을 서슴없이 자행하고, 심지어 회장의 소변을 병원에 배달시키기도 하였다. 종합 생활용품 전문기업 피죤의 사주는 실적 부진을 이유로 직원들이 보는 앞에서 슬리퍼로 한 간부의 뺨을 때리기도 하였다. SK그룹 물류 업체 대표는 인수 합병을 반대하는 1인 시위자를 사무실로 불러, 야구 방망이와 주먹으로 폭행한 뒤, 치료비 명목으로 2천만 원을 건네서 영화 '베테랑'의 모델이 되기도 하였다.

육군 대장의 갑질은 많은 국민의 공분을 사기도 하였다. 가증스럽게 자기의 아들과 같다면서, 공관병을 새벽 6시에서 밤 10시까지 근무시키면서 아들 야식 준비, 바닥에 있는 각질과 발톱 치우기, 안방 블라인드 치기, 인터넷 사용 및 외출 금지, 빨래 및 다림질, 화장실 청소 등의 자존감을 해치는 행위를 서슴없이 자행했다. 공관병은 군인으로서 사병이지 인간으로서 사병이 아니다. 나라의 귀중한 자산을 개인의 하인으로 취급한 것이다.

유명 호텔과 골프장을 운영하는 사주는 콩국수 면발이 굵다는 이유만으로 골프장 조리사를 해고하는 웃지 못할 촌극이 벌어지기도 하였다. 전직 대통령 딸은 차가 막히는 것을 이해하지 못하며 운전 기사에게 껌이나 휴지를 던지면서 '머리가 있느냐', '머리는 왜 달고 다니느냐'하는 인격을 모독한 폭언을 거침없이 쏟아

냈다고 한다.

둘째는 조직과 연계된 갑질 유형이다. 대기업의 하도급에 대한 갑질은 언론에 많이 나와 특별한 일이 아닐 정도다. 갑질은 대기업만 행사하는 것은 아니다. 조직의 규모가 아니라 힘의 비교 우위에 놓여 있으면 조직적인 갑질이 일어난다. 소점주와 가맹 계약을 맺는 프랜차이즈 본사의 갑질은 심한 양상을 보였다.

에코로바의 하도급 갑질 논란은 불매운동이 일어나게 하였다. 에코로바의 갑질에 대해 공정거래위원회는 불공정 거래와 관련하여 시정명령과 함께 과징금을 부과하였다. 한국피자헛은 가맹 계약서에도 없는 수십억 원의 가맹금을 가맹 점주로부터 받아, 공정거래위원에서 5억 2,600만 원의 과징금 철퇴를 받았다. 프랜차이즈 치킨전문점, 피자전문점, 김밥전문점에서도 힘없는 가맹 점주에게 본사 물품을 비싸게 강매하는 등의 다양한 갑질을 자행하였다.

이랜드는 2017년에 4만 명에 달하는 알바생 임금 83억 7,200만 원을 체불한 사실이 정부 조사로 밝혀져서 공분을 사기도 하였다. 심지어 2018년 한강캠핑장의 근로계약서에는 알바생에게 10분 이상 지각하면 무단결근으로 간주하여 해당 금액을 삭감하고, 불친절 민원 발생 시 손해 배상, 근무 태만 시 즉시 계약 해지, 개인 부주의로 인한 사고 발생 시는 갑(관리자)에게 책임을 묻지 않는다고 되어 있다. 관리자들은 알바생에게 강압적인 태도를 보이며 CCTV로 감시했으며, 삼겹살과 라면 등의 개인 심부름을 시키고 한 달 넘게 임금을 체납하는 등의 갑질을 하였다. 이러한 갑질의 공통점은 조직의 힘에 기대어 이루어진다는 것이다. 한국 사회의 갑질은 힘 있는 곳이면 언제든지 부당한 대우가 발생할 가능성을 안고 있다. 조직의 힘에 기대어 끊임없이 자신의 존재감을 과시하려는 히스테리 속성을 보인다.

셋째는 직장 상사의 갑질 유형이다. 2018년 인크루트의 조사에 의하면 상사의 갑질을 당한 경험이 있는 직장이 무려 97%로 나타났다. 직장의 갑질 형태는 성과 가로채기 형, 일을 하지 않고 월급만 받는 베짱이 형, 회의를 길게 하는 회의 형, 개인적인 심부름도 시키는 무개념 형, 성과 가로채는 인터셉트 형, 외모 지적과 성추행을 일삼는 변태 형, 모든 대화에 욕설이 난무하는 욕쟁이 형, 책임을 회피하는 미꾸라지 형 등이 있다. 또한 생리 휴가를 내면 생리대를 보여달라, 직원 생리대 검사, 동료 앞에서 자아비판 하기, 간부 집 청소하기, 아빠라고 생각하고 안아봐, 스포츠팀이 패하면 급여 삭감 등의 심각한 수준의 갑질이 성행하였다.

군대에서는 갑질의 본질을 잘 표현하는 '계급이 깡패'라는 말이 있다. 직장도 군대와 크게 다르지 않다. 형태만 다를 뿐 갑질 행위는 권력 관계에서 파생한 부당한 대우에서 비롯된다는 공통점을 가지고 있다.

넷째는 권위에 의한 갑질 유형이다. 우리 사회는 성리학의 위계 권위를 반영한 연령에 따른 예의범절, 존댓말, 선후배 질서 등의 문화가 강하게 남아 있다. 올바른 권위는 사회의 품격을 높여주지만, 잘못된 권위는 갑질의 수단으로 활용된다. 최근 우리 사회에서 문제가 되는 열정페이는 대표적으로 권위에 의한 갑질 형태다. 열정페이는 최저 시급에도 못 미치는 급여를 주고 젊은 청년의 노동력을 착취하는 것을 의미한다. 우리 말에 '젊었을 때의 고생은 돈 주고도 산다.'라는 말이 있다. 매우 좋은 의미를 담고 있지만, 나쁘게 활용되면 젊은 사람의 사회적 영혼을 착취하는 것이 된다.

열정페이의 잘못된 논리는 젊었을 때 돈보다 인생 공부를 위해 열정을 가지고 고생만 하라는 것을 정당화한다. 열정페이를 강조하는 관리자들은 젊은 청년들을 불안정한 인턴으로 고용하여 저임금이나 무임금으로 일하게 한다. 일상에서도 너는 공연하고 싶어 했으니까 공짜로 공연해라, 경력을 쌓고 싶어 했으니까 경력을 위해 공짜로 일하라는 것이다. 열정페이는 우리 사회의 권위 문화가 불법적이며 임의적 해석을 통해 젊은 노동력을 저임금으로 강제 착취하는 질 나쁜 갑질 형태다.

열정페이는 장기적으로 공정성이라는 사회의 기본 질서를 깨트리는 매우 위험한 갑질이다. 열정페이라는 갑질 속에는 기존의 권위로 젊은 노동자를 밟고 일어서 자신의 존재감을 높이려는 것이다. 열정페이와 같이 권위에 의존하여 잘못된 방법으로 돈을 버는 것은 수단과 방법을 가리지 않고 사회의 주인이 되려는 히스테리 속성과 연계되어 있다.

다섯째는 을의 갑질 유형이다. 인간은 누구나 높은 지위에 있어 자신의 존재감을 드러내고 싶은 기본적인 욕망이 있다. 현실적으로 힘이 약한 을의 갑질 욕망은 깊은 내면에 숨겨져 있다. 그런데 강한 평등 의식으로 누구나 사회의 주인이 될 수 있다고 인식하는 한국인은 권력자만 갑질하는 것이 아니라, 을도 자신보다 못한 을에게 갑질을 한다. 상황에 따라 을이 갑이 되면, 을도 을에게 편협한 갑질을 한다.

을의 갑질 중에 대표적인 예로 편의점 알바생을 들 수 있다.

을인 알바생은 자신에게 유리한 법을 이용하여 고용주인 사장에게 갑질을 한다. 편의점 사장이 왜 일 안 하냐고 지적하면 알바생은 인권침해라고 노동청에 신고한다. 알바생의 불성실한 근무태도, 무단결근, 계산하지 않고 물건 가져가기 등에 대해 편의점 사장은 뚜렷한 대책을 가지고 있지 못하다.

'고객은 왕이다.'라는 표어를 믿고 진짜 왕처럼 대우받길 원하는 고객이 있다. 블랙컨슈머인 진상 손님은 어처구니없는 행동을 한다. '신세계 갑질녀'라는 동영상을 보면 한 화장품 가게에서 손님 한 명이 직원 머리채를 잡고 '내 피부 책임져, 죽여버린다. XXX야'라는 욕설과 폭행을 하며 난동을 부린 사건이 있었다.

제주 공항에서 20대 여성은 검색 요원에게 막무가내 억지를 쓰며 막말과 욕설을 하면서 갑자기 주먹을 휘두르기도 하였다. 카페에서 머그잔을 사용하라는 정부 지침을 친절히 설명해도 일회용 컵을 사용하겠다고 고집을 부리고. 심지어 일회용 컵 가격만큼 깎아 달라고 억지를 부리기도 한다. 처음 보는 카페 점원에게 나이가 어리다는 이유로 반말로 하대하며 하인을 부리듯이 대하는 손님도 있다. 을도 순간적으로 갑의 위치에 서면, 어김없이 갑질을 하여 자신의 존재감을 드러내는 현시욕을 보여준다. 을이 을에게 하는 매우 유치한 갑질이다.

한국 사회에서의 갑질은 특정 계층에게 한정된 것이 아니라 다양하게 나타나고 있다. 인간은 타인에게 우월적인 존재감을 보여주어 타인의 관심과 인정을 받고 싶어 한다. 한국인의 갑질은 강한 평등 의식으로 사회의 주인으로서 우월적 존재감에서 비롯된 히스테리적인 성격이 있다. 사실 갑질 행위는 인간 내면의 깊은 곳에서 싹튼 열등감을 표현한 어둠의 인격이다. 갑질 행위는 존재감이 부족하여 자신을 믿지 못하여 생긴 마음의 병이라고 할 수 있다.

제5장

문화 속의 히스테리

제5장

문화 속의 히스테리

1. 사회의 인정을 받고 싶은 학력 히스테리

한국 사회에서 학력(學歷)은 평생 퇴화하지 않는 사회 자격증이다. 학력은 개인의 신분 위세를 보증하는 사회의 인정 증명서다. 학력은 폭넓은 사회의 존재감을 가지고 있으며, 타인의 인정을 객관적으로 보증하는 능력의 대리 지표다. 학력은 사회 생존권의 강력한 무기며, 평생 영향을 미치는 보이지 않는 사회 권력이다.

한국 사회에서 학력은 단순히 개인뿐만 아니라 가족이 그 혜택을 함께 공유한다. 자녀의 학력은 곧 학부모의 상징적인 계급장이다. 학부모는 자녀의 학력에 대해 가족 동일시라는 공감대를 가지고 있다. 학부모는 자녀의 학력이 주는 사회의 인정 욕망을 은유적으로 대리 만족한다. 학부모는 자녀 학력에 대한 동일시를 통해 타인의 관심을 받으려는 인정 욕망이 작동하고 있다. 학부모는 원하는 자녀의 학력을 위해 어린 자녀를 죄책감 없이 가혹하게 다루며 적극적으로 통제한다.

히스테리의 특징 중의 하나는 타인을 조종하고, 동일시를 통해 타인을 모방하며 타인에 가하는 가혹성에 대한 죄책감이 적다. 학력 히스테리는 학부모가 자녀의 학력을 통해 자신의 사회 존재감을 과시하기 위한 것이다. 학부모는 가혹한 조종과 통제라는 학력 히스테리를 통해 획득한 자녀의 학력에 대해 동일시라는 공감대를 통해 인정 욕망을 느끼면서 사회적으로 대리 만족을 한다.

학력 획득을 위해 가해지는 학부모의 가혹한 조종과 통제라는 히스테리는 오늘날에만 일어난 것은 아니다. 일제강점기에도 학부모의 학력 히스테리는 대단하였다. 당시의 입학시험에 대해 언론은 시험지옥, 홍수 지원, 패닉 등으로 묘사하였다. 고등보통학교 시험에 낙제한 아들에게 비관한 아버지는 물에 빠져 죽기도 하였다. 오늘날에도 있는 초등학생의 학습 참고서인 '전과'가 이 시기에 처음 나왔다.

해방 이후 1940년대 말에는 초등학교에서 과외 수업이 성행하여 사회적으로 큰 논란이 일어났다. 미국의 트루먼 대통령의 특사인 제섭(Jessup)의 1950년 1월 11일에서 14일까지의 기록에 의하면 부유한 학부모들의 영향력으로 좌지우지되는 치맛바람으로 인해 적지 않은 교육 비리가 있었다고 보고하고 있다. 오래전에도 학력을 통해 사회의 인정을 확인하려는 학부모의 학력 히스테리는 오늘날과 차이가 없었다.

우리가 잘 알고 있는 '엿 먹어라'라는 표현은 학부모의 극성에서 비롯된 것이다. 무즙 파동이라고 알려진 1964년 경기중학교

입학시험의 자연 과목에서 '엿기름 대신 넣어서 엿을 만들 수 있는 것은?'이라는 문항에서 정답은 디아스타아제이지만 '무즙'도 정답이 된다면서 학부모가 법정 소송을 제기하면서 비롯됐다. 낙방한 자녀의 학부모들은 서울시교육위원회의 정문 앞에서 무즙으로 만든 엿을 먹어 보라며 솥째를 들고 와서 '엿 먹어라'고 하며 항의하였다.

이 장면이 언론에 대서특필되면서 '엿 먹어라'의 사회적 기원이 되었다. 자녀 인생의 항로를 결정지을 수 있다는 학부모의 절박한 심정에서 비롯된 무즙 파동은 서울시 교육감과 문교부 차관 그리고 청와대 비서관 2명이 물러나서야 수습되었다. 학부모들은 자녀의 학력을 위해서라면 집단적 행동을 주저하지 않았다. 그 이후에도 학부모들은 입시 철만 되면 오답 문항에 대해 지나칠 정도로 매우 민감하게 반응하였다.

학부모의 학력 히스테리는 지금도 멈추질 않고 폭주하고 있다. 대학입시를 경험한 대졸 출신의 학부모들은 영유아에게도 대학 입시를 준비시키고 있다. 학부모의 극성스러운 히스테리 조종과 통제는 영유아도 예외가 아니다. 영유아 대상의 영어 유치원의 입시를 위한 족보가 있으며, 영유아는 외국인 강사의 영어 면접을 보아야 한다. 강남의 한 영어유치원은 5세부터 입학할 수 있으며 영재 판별 검사에서 상위 5%에 들어야 한다. 한 달을 기다려야만 시험을 볼 수 있고, 심지어 학부모 면접도 거쳐야 한다. 통과된 학부모들은 높은 문턱을 넘었다는 히스테리적인 자만심을 가질 정도라고 한다.

김은영 외(2016)는 영유아인 5세는 84%, 2세는 36%가 사교육을 받는다고 하였다. 사교육걱정없는세상의 조사(2016)에서 서울 유아영어학원은 하루 5시간 교습하고 비용이 연 1천만 원이 되며, 가장 비싼 곳은 연 2천 2백만 원 정도로 나타났다. 영어 유치원 7세 교재의 읽기 교재 난이도가 중학교 1학년 수준보다 높다고 한다. 6세인 어떤 영유아는 생후 10개월부터 사교육을 받았으며, 만 1세부터 영어, 발레, 미술 등을, 만 2세부터는 국어, 영어, 수학 학습지를 시작했다. 영재학교에 보낸다면서 만 4세에 수학 학원에, 5세 때부터는 오전 9시에서 오후 4시까지 각종 학원을 돌아다녔다.

한국 사회에서 이런 현상은 특별하다고 할 수 없다. 영유아의 학습 과정은 어른도 힘겨울 정도로 학업 강도가 매우 높다. 놀이가 직업인 영유아에게 영어 학습의 강요는 숨 막히는 지옥의 과정에 지나지 않는다. 영어 유치원 10곳이 생기면 소아정신과 1곳이 생긴다는 말이 있을 정도로 영유아의 영어 학습 스트레스가 얼마나 높은지 가늠할 수 있다. 학부모들은 자녀를 위한다는 이유로 자신들의 가혹한 행위에 대한 죄책감을 느끼지 않는다. 이런 모진 행위는 학부모의 지나친 학력 히스테리 욕망이 만든 비극이다.

강남의 유치원에서는 학부모들의 주도로 경제 수준과 지위 수준이 비슷한 유치원생의 4~5명을 짝짓기하는 교육 열풍이 성행하였다. 어렸을 때부터 폐쇄적인 특별 모임을 통해 교육 정보를 공유하여 일류 학력을 가지기 위한 것이다. 강남과 종로 등의 유명한 사립초등학교에 보내려고 학부모들은 위장 전입의 편법을 쓰기도 한다. 불행한 일이지만 위장 전입은 고위 관직의 국회 청문회 때마다 등장하는 단골 주제다. 여건이 허락되는 학부모들은 자녀의 학력을 위해 불법을 감행할 정도로 학력 히스테리가 심각한 수준에 있다.

초등학생들은 학부모의 강요에 의해 일과를 학원에서 시작하여 학원에서 마친다. 15살인 어떤 중학생은 학원 수업으로 인해 오후 8시가 되어서야 컵라면이나 패스트푸드로 간신히 저녁 끼니를 때운다고 한다. 우리 사회에서 이 학생의 일과는 특별한 것이 아니라, 학부모에 의해 학원에 다니는 학생들에게서 일상적으로 볼 수 있는 모습이다. 우리의 학생들은 학부모의 등쌀에 주말과 휴일에도 속칭 '학원 뺑뺑이'를 하며 생활하고 있어서 안타까울 뿐이다.

대치동 학원의 일상적인 풍경을 보면, 오후 10시에 학원 수업을 마친 학생을 엄마가 태우기 위해 대기하고 있는 수많은 자동차들로 인해 그 일대 교통은 마비가 된다. 학원은 학력이 높은 엄마용 문제집도 따로 준비하여, 자녀에게 학습 내용의 핵심 요약을 신속하게 전달하는 것을 도와준다. 학부모들은 아이들의 미래를 위해서 기다리는 것이 지겹지 않다고 한다. 학부모들은 자녀의 대학입시를 위해 엄마들은 공부 페이스메이커가 된다.

학부모의 학력 히스테리 열정은 1960년대에도 변함이 없었다. "꼭 일류 중학교에 넣겠다는 자모들의 허영심은 피곤해 죽은 지경인 어린이들을 못살게 한다. J 초등학교 6학년 박모 군은 각성제인 '카페나'를 복용한다. … 노이로제 증세 보여 … 하루 5시간 수면하고 …." 이 기사(경향신문, 1960.11.6.)와 같이 우리 사회에서 학부모의 학력 히스테리 욕망은 오랜 뿌리를 가지고 있으며 조금도 약화되지 않았다.

학부모의 가혹한 히스테리 통제는 학생을 지치게 하고 어렵게 한다. 히스테리의 특징의 하나가 죄책감을 느끼지 못한다는 것이다.

어렸을 때부터 학부모에 의해 가혹한 학습 강도에 시달리며 등수에만 집착하게 된 학생들은 극심한 스트레스에 시달릴 수밖에 없다.

지옥 같은 입시경쟁의 굴레는 어린 학생들에게 위험한 선택을 하게 한다. 1986년 한 여중생의 유서인「행복은 성적순이 아니잖아요」를 보면 학부모의 히스테리 욕심을 잘 표현하고 있다. "난 1등 같은 건 싫은데, 난 꿈이 따로 있는데, 난 친구가 필요한데 이 모든 것은 엄마가 싫어하는 것이지 … 나에게 항상 수단과 방법을 가리지 말고 이기라고 하신 분, 친구와 사귀지 말라고 슬픈 말만 하시는 분, 그분이 날 15년 동안 키워 준 사랑스러운 엄마라니 너무나 모순이다. 모순"이라고 절규하였다.

학부모에게도 사회의 인정 욕망을 넘어서 인정 중독으로, 학력 욕망을 넘어서 학력 중독으로 나타나고 있다. 히스테리 속성 중의 하나가 가혹하고 죄책감을 별로 느끼지 않는 것이다. 고학력 부모들은 히스테리 욕심에 의해 자녀를 가혹하게 양육하여 자신도 모르게 독친(毒親: toxic parents)의 함정에 빠지고 있다. 학력 히스테리에 얼마나 시달렸는지 한 초등학생의 휴대전화에는 "아빠는 악마, 엄마는 마녀"라는 분노로 가득 찬 표현이 있었다.

2011년 11월에는 한 고등학생이 자신의 어머니를 존속살해하고 시신을 8개월 방치한 충격적인 사건이 있었다. 이 학생은 IQ 131로 초등학생부터 줄곧 우등생이었다. 아버지와 불화로 이혼한 어머니는 학생에게 헌신적이었지만, 전교 1등에 만족하지 않고 전국 1등을 강요하고 지독한 체벌을 하면서 돌이킬 수 없는 끔찍한 사건이 발생했다. 부모의 마음과 학부모의 마음이 달랐다. 학부모의 단순한 학력 욕망이 차츰 학력 중독으로 변했다.

한 공익광고의 「부모의 모습 편」에서 "부모와 학부모"의 차이를 지적하면서 학부모의 학력 히스테리를 현실감 있게 표현하였다. "부모는 멀리 보라하고 학부모는 앞만 보라 합니다. 부모는 함께 가라 하고 학부모는 앞서가라 합니다. 부모는 꿈을 꾸라 하고 학부모는 꿈 꿀 시간을 주지 않습니다. 당신은 부모입니까? 학부모입니까. 부모의 모습으로 돌아가는 길 참된 교육의 모습입니다." 부모와 학부모의 차이에 대해 많은 생각을 하게 한다.

학부모의 학력 히스테리에 의해 힘들어하는 사람은 학생이다. 꿈꾸는 아름다운 나이임에도 날카로운 서열 싸움에 메말라 있는 학생들에게는 이 세상이 전쟁터와 같이 가혹할 수밖에 없다. 학생들은 자신의 잃어버린 꿈을 위해 돌이킬 수 없는 선택을 한다. 전교 1등인 한 한 학생의 유서에 "엄마 … 저예요. 너무 놀라지 말고 들어주세요. 지금 아파트 옥상에 있어요. 제 머리가 심장을 갉아 먹어 이제 더는 못 버티겠어요."라고 하였다. 그의 섬뜩한 고통이 전해질 정도로 가슴이 먹먹하다.

그동안 공부 스트레스를 이기지 못해 자살한 학생들의 유서를 살펴보면 사회의 학력 히스테리에 대한 원망과 저주 그리고 고통과 애환을 절절히 표현하고 있다. 다음의 시 「홀로 꽃잎」은 이런 학생들을 위해, 그동안 우리 사회의 학력 히스테리에서 숨 한 번 쉬기 힘들었던 그들의 모습을 그린 것이다.

홀로 꽃잎

학교에 가면
친구는 없고
외로운 서열만 기다린다.

선생님은 우리를 위한다며
한숨 쉬며
사람이 없는 경쟁을 가르친다.

인생은 아름답지만
이기는 것이 더 아름답다고
말한다.

가방을 메고 집에 왔지만
다정한 엄마는
인상쓰며 공부만 하라고 한다.
오늘도 엄마는 전사가 되어 있다.

친구를 사귀지 말고
대학에 가면 가까이 하란다.
대학은 우리에게
삶을 해방시키는 유토피아다.

어린 꽃잎은 해방을 위해
어른이 만든 괄호 속에서
땀 흘려 인내하며
숨 한번 쉬지를 못한다.

틈 없는 괄호는
하늘의 별을 보지 말고
사랑하지 말고
그리워하지 말라고 한다.

홀로 꽃잎은
울지 못하고, 외로울 수 없어
종이 한 장 남기고
괄호를 떠난다.

이제는 시험 없는
하늘의 꽃잎 되어
어른을 용서하고
그동안 꼭꼭 숨겼던 웃음을……

출처: 강창동(2016). 시간의 가장자리.

우리 주변에 부모보다 학력 히스테리 욕망을 가진 학부모가 많은 것은 부인하기 어렵다. 학력 히스테리를 가진 학부모는 가혹하지만, 자식을 위한다는 핑계로 자신의 책임을 정당화하여 죄책감을 느끼지 않는다.

2011년 학습지 교사인 엄마는 성적이 저조한 중학교 1학년인 아들에게 '죽는 게 낫다', '문제지를 못 풀면 살아봤자 사회의 쓰레기가 된다', '저 ○○하고 인연을 끊어야지 집구석 말아먹게 생겼네'하는 귀를 의심할 정도의 폭언을 하였다. 이로 인해 결국 남편과 이혼하였다.

2016년에 엄마가 초등학생 딸을 새벽 3~4시까지 안 재우고 공부를 시켰으며, 밤 12시면 일찍 자는 날이며, '돌대가리냐' 등의 폭언을 통해 아동의 자존감을 떨어뜨리는 일을 자주 하였다. 예상과 달리 폭언하는 엄마는 사립초등학교 교사였다. 이 일은 이혼사유가 되어 서울가정법원에서 친권, 양육자 지정 청구 소송에서 남편을 친권자 및 양육자로 지정하는 사건이 있었다.

같은 해에 숙제를 안 한다고 아버지가 초등학생 3학년과 6학년의 두 아들을 골프채로 때린 사건이 있었다. 폭행당한 아들은 공포감과 두려움으로 귀가를 꺼릴 정도였다고 한다. 이 사례들은 학력 히스테리의 극단적인 모습이지만 학부모들의 학력 욕망에 얼마나 집착하고 있는지에 대한 생생한 단면을 보여주고 있다.

학력 히스테리에 의한 학력 중독은 자신도 모르게 범죄를 저지르게 한다. 2016년에 광주의 한 고등학교의 교감과 교사들은 학생부의 성적과 내용을 조작했다가 경찰에게 적발되었다. 25명의 학생을 특별관리하기 위해 학생부를 2년 동안 무려 36번을 조작

했다. 이 사건은 학생들을 명문대에 보내 학교의 명예와 이미지인 사회적 존재감을 높이기 위해 범죄 행위도 서슴지 않는 조직적인 학력 히스테리 현상이다.

대학교수인 학부모는 자녀의 학생부를 조작하기 위해 거의 범죄 수준에 가까운 행위를 했다. 2018년 교육부의 조사에 의하면 지난 10년간 대학 교수가 자신의 논문에 중·고생인 미성년 자녀를 공저자로 허위로 등록한 사례가 29개 대학에서 82건이었으며, 이공 분야가 80건에 해당했다. SCI급에서도 고등학교 자녀를 참여시켜서, 학생부의 논문 실적을 올려 대학 입시에 활용한 사건도 있었다. 자녀의 학력을 통해 사회의 존재감을 유지하고 자신의 위신을 지키려는 학력 히스테리의 인정 욕망은 사회 지도층에게도 예외가 아니었다.

한국 사회를 혼란과 경악으로 몰고 갔던 최순실 딸, 정유라의 부정입학 사건은 전형적인 학력 히스테리가 빚어낸 불행한 사건이었다. 최순실은 우리 사회에서 학력 계급장이 주는 사회적 의미를 잘 알고 있었다. 최순실은 최고 수준의 권력과 부를 가지고 있었지만, 딸의 학력 관리를 위해 어린 나이에 승마를 배우게 했으며 그것도 모자라 무모할 정도의 입시 부정을 저질렀다. 정유라의 부정 입학은 대학 관계자들이 조직적으로 관여한 것으로 나타났다. 이 사건은 대학입시에 민감해 있는 학부모의 엄청난 분노를 불러왔다. 촛불 시위 때는 중학생이 앞장서 정유라의 부정 입학을 규탄하는 일이 벌어졌다. 최순실은 학력에 민감한 우리 사회의 학력 히스테리를 과소평가한 것이다.

학력 히스테리 중독 수준에 있는 일반 학부모도 예외가 아닌 사건이 있었다. 2018년 광주의 모 고등학교 행정실장은 중간 및 기말고사 시험지를 복사하여 학교 시험 족보라고 하며, 당시 학교 운영위원장인 학부모에게 유출하였다. 서술형까지 족집게처럼 맞춘 예상 문제지를 급우들이 이상히 여기면서 세상에 알려졌다. 과감성을 넘어서 무모할 정도의 시험 문제 유출이 자행됐다. 단순한 부정이라고 넘기기에는 우리 사회의 학력 히스테리의 슬픈 자화상을 보는 것 같다.

더욱 충격적인 것은 2013년~2014년에 성남의 모 사립고 교무부장의 딸을 명문대에 진학시키기 위해 NEIS에 임의로 접속해 학생부를 조작한 사건이 있었다. 2018년에 교장과 교감은 징역 6개월에 집행 유예 1년을 선고받았고, 당사자인 교무부장은 징역 1년에 법정 구속하였으며 교사 3명이 파면 처분을 받았다. 딸은 소속 대학에서 학생부 조작 사실로 인해 입학취소 처분을 받았다.

이 사건과 매우 유사한 사건이 2018년에 평행우주론처럼 터져 전 국민을 실망하게 했다. 사건은 서울 강남의 명문 S 여고에서 일어났다. S 여고 교무부장의 쌍둥이 자매의 1학년 때의 내신 성적이 전교 59등과 121등이었으나, 2학년 때는 문과 이과에서 각각 전교 1등으로 수직 상승하였다. 내신 지옥으로 유명한 강남 8학군의 S 여고에서 단숨에 전교 1등으로 오른 것은 거의 불가능에 가깝다고 한다. 교무부장은 직위를 이용하여 자신의 쌍둥이 딸을 위해 시험 문제를 유출하는 파렴치한 부정을 저질렀다.

이 사건은 전국적으로 큰 충격을 주었다. S 여고의 학부모들은 학교 정문에서 자기 자녀가 불이익을 당할까 봐 마스크와 모자를 쓰고 100일간의 촛불 시위를 하였다. 교무부장은 파면과 동시에 구속 기소 됐으며, 결국 쌍둥이 자매는 성적이 영점 처리되면서 퇴학당했다.

학력을 통해 얼마나 사회적 존재감을 보여주고 싶었으면, 교무부장이 범죄 수준의 부정을 거리낌 없이 자행할 수 있는가이다. 매우 민감한 학력 히스테리를 가진 학부모의 강력한 저항을 받을 수 있다는 것을 알면서도, 과감히 시험 부정을 저지른 아버지이자 부장 교사의 학력 욕망은 학력의 사회적 중독에 가깝다고 할 수 있다. 한국인의 처지에서 보면 매우 씁쓸한 사건이었다.

2019년 새해에 들면서 대학입시를 풍자한 SKY 캐슬이라는 드라마가 보기 드물게 화제가 되었다. SKY 캐슬은 학부모의 전형적인 학력 히스테리를 보여주고 있다. 자녀의 학력은 학부모의 상징적인 계급장이다. 학부모는 자녀의 학력에 대해 동일시를 통해 대리 만족감을 느낀다. 학부모는 자녀를 위한다는 이유로 원하는 학력을 위해 자녀를 거칠게 조정하고 통제하지만, 죄책감을 느끼지 않는다. 사실 자녀의 학력은 자녀를 위해서가 아니라 학부모의 존재감인 인정 욕망을 충족하기 위한 것이다. 자녀의 학력은 한국이라는 가혹한 사회 정글에서 살아남기 위한 학부모의 상징적 전리품이기 때문이다.

우리의 학부모들은 학력 중독이라는 욕망의 늪에서 서서히 침몰하여 어느 순간 헤어나기 어려운 상황에 직면할 수 있다. SKY 캐슬에서 나오는 학력 욕망은 특정 계층의 모습이 아니라, 사실 우리 모두의 내면에 숨어 있는 타인을 의식하는 인정 욕망의 자화상이다.

SKY 캐슬은 다소 과장된 점이 있지만, 우리의 학력 히스테리 현상을 비교적 사실적으로 표현하였다. 타인에게 인정받기 위해 학력 중독의 늪에 빠진 우리 사회의 치부를 드러낸 것이다. SKY 캐슬에서 나오는 학력은 학부모와 자녀의 존재감과 위세를 보여주는 강력한 사회의 인정 증명서라는 환상을 보여주고 있다. 학력의 사회적 존재감이 클수록, 학력은 인정 욕망을 실현하는 강력한 도구가 된다. 학력은 인정 욕망의 객관적인 사회의 보증서다.

우리 사회에서 학부모는 자녀의 학력과 동일시하는 은유적인 대리 만족을 통해, 내면적으로 사회의 인정을 확인한다. 자녀를 위한다는 핑계로 자행되는 가혹한 학력 히스테리의 이면에는 학부모 자신의 사회적 존재감을 확인받고 싶은 욕망이 숨어 있다. 학력 히스테리는 개인의 문제가 아니라 역사적이며 사회적으로 형성된 치열한 경쟁 상황을 이기기 위한 한국형 인정 욕망에서 비롯된 것이다. 사회의 인정 욕망을 위한 학력 집착은 차츰 학력 중독이 되어 입시 부정 같은 범죄 행위에 대해서도 자식을 위한다는 내면의 합리화를 통해 죄책감을 느끼지 못 하게 한다.

2. 존재의 열등감을 자극하는 비교 히스테리

히스테리는 내면의 깊은 열등감을 감추기 위해 남보다 우위에 있는 선택받은 사람처럼 행동한다. 끊임없이 타인의 눈치를 보는 히스테리 행위는 특별한 사람인 사회의 주인으로서 인정받기 위한 무의식적 전략이다. 히스테리의 심리적 뿌리는 열등감이다.

명품, 수입 자동차, 학력 등으로 보여주는 현시욕과 과시욕은 타인과 비교를 통해 자신의 열등감을 감추기 위한 위장물에 지나지 않는다.

내면의 열등감은 심리적 의식에 직접적인 영향을 미친다. 열등감이 심해지면 타인의 눈치를 더 보고, 타인에게 더욱 의존하는 성향을 드러낸다. 열등감은 타인이 만든 마음의 병이기 때문이다. 열등감의 심리적 위험성에 대해 정도언(2016: 153)은 의미있는 지적을 한다. 열등감 때문에 남에게만 초점을 맞추면 어느새 자신의 존재가 작아지고 삶의 궤도가 흔들린다. 열등감이 심하면 자신을 부정적으로 생각하고 남의 칭찬이나 비판에 지나치게 예민하게 반응한다. 보상작용으로 오히려 남을 깔보는 태도를 보인다. 남을 깔보는 것은 내 열등감이 상대방에게 투사되어 옮겨진 것이라 할 수 있다.

비교는 무의식의 깊은 곳에 숨겨둔 열등감이란 상처뿐인 판도라 상자를 여는 것과 같다. 비교는 상처 난 마음의 종기를 건드리는 것이다. 비교할수록 마음의 종기는 커지게 마련이다. 비교는 보이지 않는 심리적 폭력이며 또 다른 사회 차별이다. 사회의 일상적 비교는 긍정적 차이보다는 부정적 차별과 연결되어 있다. 본능적으로 사람은 타인과 비교에 대해서 히스테리적인 민감한 반응을 한다. 비교는 매우 신중하고 조심하게 다루어야 할 부분이다. 비교의 위험성에 대해 다음의 시 「비교의 그늘」은 그 이유를 설명하고 있다. 큰마음은 자신의 부족한 부분을 있는 그대로 수용하며 사랑하는 마음이다. 큰마음은 타인을 의식하지 않고 타인을 있는 그대로 받아들이며, 타인과 비교하지 않는 긍정적인 마음을 가리킨다.

비교의 그늘

비교는 중심을 낳고
중심은 집착을 낳는다.

집착은 구별을 낳고
구별은 차별을 낳는다.

차별은 갈등을 낳고
갈등은 분노를 낳는다.

분노는 원한을 낳고
원한은 고통을 낳는다.

모든 고통은 비교에서 오며
모든 차별은 구별에서 온다.

큰마음은 비교하지 않으며
큰마음은 스스로를 긍정할 뿐이다.

출처: 강창동(2016). 시간의 가장자리.

한국인은 타인과 비교하는 것에 대해 매우 익숙한 편이다. 오
밀조밀한 사회 공간에서 삶의 공동체의 잦은 접촉, 성리학의 경쟁

적 위계 관계, 가족 중심의 집단적 경쟁 관계, 역사적 시련을 통해 강화된 거친 사회 경쟁 등은 극심한 사회 경쟁 환경을 조성하여 한국인에게 비교 심리를 자극하기 때문이다. 한국인이 타인에게 지나치게 민감한 것은 무의식적으로 타인과 비교를 많이 경험해서다. 한국인은 보이지 않는 비교 사회에 살고 있다고 해도 지나치지 않다. 한국인의 비교 의식은 크게 두 가지로 설명될 수 있다.

첫째는 자신의 내면에서 스스로 비교를 만드는 것이다. 열등감이 크면 타인의 눈치를 지나치게 의식하고 자신을 방어하려고 무리한 노력을 한다. 열등감을 감추기 위해서 자신이 특별한 능력 있는 사람처럼 보여주기 히스테리 행동을 한다. 비교는 남보다 앞서기 위한 심리적 전략이다. 비교는 사회 경쟁 풍토와 관련이 있다. 한국의 사회 경쟁 풍토는 타인 중심의 사람 경쟁이지 능력 중심의 실력 경쟁이 아니다. 타인이란 한국인만 이기면 된다는 것이다. 경쟁이 치열할수록 비교도 강하게 나타난다. 경쟁 자체가 비교이기 때문이다.

타인에게 관심이 많은 한국인의 비교 히스테리는 타인을 이기기 위한 서열 중심의 치열한 경쟁 문화와 관련이 있다. 경쟁 사회에서 선택받은 사람이 되기 위한 타인에 대한 관심은 타인과 비교에서 시작된다. 타인을 이겨야 하는 한국인의 비교 의식은 민감해질 수밖에 없다.

한국인의 민감한 비교 의식은 김학진과 강평원(2013)의 연구에서 잘 나타났다. 그들에 의하면, 참가자들의 뇌 선조체를 fMRI(기능자기공명영상장치)로 촬영한 결과, 칭찬, 보상 같은 사회 보상 심리에 작동하는 뇌 선조체가 활성화하는 정도, 즉 한국인의 비교 의식이 미국인보다 3.5배 민감한 것으로 나왔다. 구체적으로 게임의 상금과 벌금과 관련하여 수익량 자체만 따지는 정도에서는 미국인은 한국인보다 4.7배 정도 높았지만, 타인과 비교하여 상대적 손익을 따지는 정도에서는 한국인은 미국인보다 1.3배 높았다. 미국인은 타인을 신경 쓰지 않고 자체 수익량에 관심을 두지만, 한국인은 자체 수익량보다 내가 타인과 비교하여 얼마 더 벌었냐에 민감하게 반응하였다. 이 연구를 통해 한국인이 타인과의 비교에 대해 매우 예민하게 반응한다는 사실이 뇌과학으로 입증되었다. 한국인은 비교 우위에 있기 위해 타인의 관심과 사랑 그리고 인정 욕구를 끊임없이 추구하고 있다.

김성일(2018)의 교육평가 연구에서도 비교에 대한 뇌의 반응이 비슷하게 나왔다. 비교는 타인과의 경쟁을 전제로 한다. 상대평가는 타인과의 비교 경쟁이며, 절대평가는 학습 목표라는 점수와의 경쟁이다. 타인과 비교를 강요하는 상대평가는 자신감이 낮은 학습자를 더욱 저하시키고 무기력하게 만든다. 이런 학습자는 상대평가 동안에 부정적 정서를 관장하는 편도체가 활성화가 되고 있어서, 잘하고 있다는 긍정적인 피드백을 받을 때조차 뇌는 경쟁과 사회 비교를 두려워한다. 타인과 비교하지 않은 절대평가의 정보 피드백 조건에서는 보상 영역인 측과핵이 활성화되고, 부정적 내용 때문에 나빠진 기분을 조절하기 위해 배외측 전전두피질을 활성화되는 것으로 나타났다. 뇌도 타인과 강요된 비교를 부담스러워 하는 것이다.

일상생활에서 한국인의 명품, 수입 자동차, 고급 아파트를 통한 보여주기의 과시욕은 자신의 본질적 만족보다는 타인을 의식한 비교 욕구에서 나왔다. 고가의 물품은 내면의 열등감을 위장하는 사회의 계급장 역할을 하기 때문이다. 고가의 물품으로 치장한 것은 타인의 관심을 끌면서 선택받은 특별한 사람으로 인정받기 위해서이다. 비교 대상은 고가의 물품이 아니라 결국은 타인이라는 사람이다. 타인보다 앞서기 위한 치열한 경쟁에서 벗어나지 못한 비교 의식은 내면의 무거운 짐이 되어 언제나 마음을 불편하게 한다.

둘째는 타인에게 비교를 당하는 것이다. 자신의 마음속에서 비교를 하는 사람은 열등감으로 인해 매우 불편하고 예민한 상태에 놓여 있다. 이런 사람들이 타인과 원하지 않는 비교를 당하면 마음에 깊은 상처로 남게 된다. 비교에는 보이지 않는 사회적 무시를 정당화하는 간접적인 조롱이 숨겨져 있다. 비교가 마음속에 폭력으로 느껴지는 것은 보이지 않는 조롱 속에 사회적 무시감이 포함되어 있기 때문이다.

조롱은 감추고 싶은 열등한 부분을 드러내고 직접 무시하는 것이다. 조롱은 모호한 비교 기준을 통해 열등한 부분을 직접 공격한다. '너는 바보 같아'라는 조롱은 정상과 비정상이란 모호한 비교 기준을 암묵적으로 전제한 것이다. 조롱도 보이지 않는 비교다. 자연히 조롱은 마음의 큰 상처로 남게 한다.

아들러(1928)에 의하면, 수많은 아이는 조롱당할지 모른다는 두려움 속에서 성장한다고 한다. 아이를 조롱하는 것은 범죄에 가까우며, 조롱당할지 모른다는 공포는 아이의 영혼 속에 깊이 뿌리내리면서 세월이 흐른 뒤까지도 따라 다닌다고 했다. 조롱이 주는 심리적 상처는 짐작하기 어려울 정도로 오랜 시간 잠복할 수 있으며, 만일 적절한 해소 경험이 없으면 조롱의 씨앗은 마음의 괴물로 변하게 된다.

　비교도 조롱과 같이 마음속에 지워지지 않는 깊은 상처를 남게 한다. 비교는 직접적인 비교 대상을 통해 나타나는 모호한 조롱이다. '누구는 공부 잘하는데, 너는 왜 공부를 못하니' 하는 것이다. 비교는 조롱이 아닌듯한 간접적인 조롱이다. 심리적으로 비교와 같은 간접적인 조롱은 오히려 마음에 깊은 여운이 되어 오랜 상처로 남게 한다.

　비교는 조롱의 다른 얼굴이다. 비교와 조롱은 동전의 양면이다. 당하는 사람 입장에서 비교는 오랫동안 조용히 마음의 고통스러운 상처로 남게 한다. 타인에 대한 비교는 사회적 무시라는 심리적 폭력과 큰 차이가 없다. 일상에서 무심코 던지는 비교도 타인에게 깊은 상처가 될 수 있어서 매우 신중하고 조심해야 한다.

　그러나 한국 사회는 무심코 타인과 비교하는 말을 자주 사용한다. 엄친아와 엄친녀는 사실상 비교를 강조한 단어다. '개 같은 놈', '쌍놈(상놈의 비속어인 천한 사람을 지칭) 같은 놈', '이완용 같은 놈', '간신 같은 놈', '사쿠라 같은 놈' 등과 같이 대부분의 비속어는 개념적으로 비교를 기반으로 하고 있다. 비교를 당하면 열등감 조장과 함께 심리적 모욕감을 가지게 된다.

　비교 심리의 이면에는 사회적 무시와 관련있다. 비교를 통한 사회적 무시감은 오랫동안 마음의 상처로 남게 한다. 무심코 이루어진 비교에 대해서도 한국인들은 예민하게 반응한다. 비교는 그 자체로 마음의 독이다. 설령 어린 상대라도 일상에서의 비교도 반드시 자제해야 한다. 어린 유아라도 비교 당하는 불쾌한 감정은 무의식 깊은 곳에서 마음의 독버섯이 될 수 있다. 비교는 타인을 집착하게 하여 열등감이라는 심리적 불편함을 가지게 한다. 비교는 타인의 인정을 갈망하는 히스테리적인 관심이 초래한 불편한 결과라고 할 수 있다.

3. 특별한 대우를 받고 싶은 비리 히스테리

비리의 사전적 의미는 이치에 어긋나거나 도리에 맞지 않는 일이다. 비리는 타인보다 앞서기 위해 사회 질서와 규범을 깨트리고 원칙에 어긋난 행위를 하는 것이다. 또한 공정한 원칙보다 비정상적인 절차를 통해 개인의 편익을 도모하기 위한 것이다. 비리는 뇌물 같은 부정부패를 포함하여 법이나 도덕적 규범을 위반하는 포괄적인 개념을 가지고 있다.

비리는 동서고금을 통해 일어나는 인간의 기본적인 욕망이다. 인간은 사회의 인정이라는 존재의 충만감을 위해 이기적인 욕망을 끊임없이 추구한다. 비리는 인간의 이기적인 욕망을 충족시키기 위해 사회의 정해진 규칙을 위반하는 것이다. 사람들이 비리를 저지르는 이유는 비정상적인 방법으로 타인보다 앞서가기 위해서다. 비리는 사회의 존재감을 높여서 특별한 사람으로 대우받고 싶은 히스테리적인 이기적 욕망을 기반으로 하고 있다.

타인보다 특별한 대우를 받기 위해 정해진 사회 원칙을 위반하는 비리는 정도의 차이가 있지만, 역사를 관통하여 우리 사회에서도 나타났다. 한상권(1999: 87-86)에 의하면, 조선 중기에는 신분적 위세를 높이기 위해 자신을 치장하는 사치풍조가 심했다고 한다. 복식의 화려함, 기완(器玩)의 진기함, 음식의 무절제함, 가옥의 광대함이 해가 갈수록 심했다고 한다. 사치풍조는 의복에서 두드러지게 나타났는데, 명주와 모시 그리고 면포보다 값이 서너 배 비싼 중국 비단을 선호하였다. 궁벽한 시골에서도 다투어 사치를 도모하여 나라의 재력이 고갈될 지경이었다.

조선 중기의 사치풍조 성행은 상층 귀족일수록 의복·음식·가옥·기명 등에 큰 비용을 지출해야 했다. 재상·명사는 사치에 드는 비용을 마련하기 위해 뇌물을 받았으며, 방백·수령은 뇌물 마련을 위해 지조를 버렸다. 재화가 풍족하면 유능한 관리, 주머니가 텅 비면 무능한 관리라는 풍조가 있었다. 뇌물 수수를 둘러싸고 고위직과 하위직이 서로 엉키고, 중앙과 지방은 비리로 연결되어 있었다. 사치는 재물을 소모하는 구멍이요, 탐학(貪虐)은 백성을 해치는 독벌레였다.

조선 중기의 비리 근원은 신분 위세라는 사회의 존재감을 과시하기 위해 소모되는 사치 비용을 감당하기 위한 것이었다. 비리는 타인의 주목을 받고, 사회의 주인으로 대접받고 싶은 욕망이 작동하여서다. 결국 모든 비리에는 비정상적인 편법을 사용하더라도 타인에게 잘 보이고 싶은 욕망이 깊게 숨겨져 있다. 비리는 특별한 사람으로 대우받고 싶은 인정 욕망을 기반으로 하고 있다. 특별한 사람으로서 사회에서 주목받기 위해, 사회의 가치, 규범, 법률을 서슴없이 위반하는 비리 종류는 권력형 비리, 관료형 비리, 기업형 비리, 뇌물형 비리, 가족형 비리, 도덕형 비리 등과 같이 헤아리기 어려울 정도로 많이 있다.

비리는 인간관계 속에서 사회 원칙을 위반하여 이루어지고 있으며, 특정 대가의 고리와 연결되어 있다. 비리는 사회의 공정성을 갉아 먹는 독벌레며, 사회의 평등성을 썩게 하는 독버섯이다. 비리는 자기가 하면 공정하고 남이 하면 부패하다는 의식을 통해 자신을 정당화한다. 비리의 내로남불 의식은 비리를 만연하게 하는 사회 합리화의 뿌리로 작용한다.

한국 사회의 비리는 가족주의의 내로남불 의식을 가지고 있다. 장자 중심의 편협한 가족주의는 가족을 살리기 위한 사회 비리에 대해서는 대단히 관대한 편이다. 장자 중심의 가족주의는 수직적 위계질서를 바탕으로 가족 내에서는 온정적이며 가족 밖에서는 매우 폐쇄적인 성격이 있다. 자신의 가족이 사회 비리를 저지르면 서로를 온정적으로 감싸지만, 반대로 다른 가족에게는 매우 냉담하고 경쟁적이며 배타적인 태도를 보인다.

가족은 인생을 함께 살아가는 가문의 동지다. 가문의 명예가 곧 자신의 지위에 해당한다. 가문을 통해서 과시하고 싶은 가족주의의

한비자(韓非子)의 국가와 가족 그리고 모순

한비자는 국가를 위하면 가족의 이익에, 가족을 위하면 국가의 이익에 배치된다고 하였다. 국가와 가족의 역설적 관계를 쉽게 설명하기 위해 만든 말이 그 유명한 창과 방패의 고사인 모순(矛盾)이다. 한비자는 오두(五蠹)편에서 공자는 전쟁 시에 늙은 부친을 공양하기 위해 세 번이나 도망친 사람을 효성스럽다고 여겨, 높은 자리에 천거하였다고 한다. 한비자는 이런 효성은 군주를 배신하고 국가를 위험에 빠뜨릴 수 있다고 한다. 논어(論語)에서 아버지가 양을 훔치는 것을 고발하지 않고 숨겨주는 것을 자식의 도리라고 했지만, 역으로 범죄자인 아버지를 숨겨주면, 사회공동체를 위태로워지게 한다. 가족의 이익은 국가에 해를 끼치는 사회 비리의 근원이 된다. 그래서 한비자는 신하가 하면 안 되는 팔간(八姦)의 세 번째에서 친인척 비리의 위험성을 경고하였다. 예나 지금이나 친인척 비리는 사회적으로 큰 문제였던 것 같다.

비뚤어진 욕망은 기존의 질서와 가치를 무시하고 사회를 저해할 정도의 비리 원인으로 작용하고 있다. 역사적으로 한국의 가족주의 비리는 크게 두 가지로 구분할 수 있다.

첫째, 친인척의 가문을 중심으로 이루어진 '내부형 가족주의' 비리를 수 있다. 장자 중심의 가족주의는 한 개인의 지위와 명예는 가문 전체가 공유하게 되어 있다. 가문이라는 울타리 내의 친인척은 사회 운명을 함께 하는 공동체인 집단의식을 가지고 있다. 장자 중심의 가족주의는 내부적으로는 서로를 감싸주고 관대하고 온정적인 태도를 보이지만, 외부적으로는 배타적이며 경쟁적인 태도를 가지고 있다. 공동체 운명을 가진 가족 구성원은 서로를 믿을 수 있지만, 가족 외의 구성원은 신뢰하기 어려운 존재가 된다. 사회 비리는 은밀하고 믿을 수 있는 사람끼리 이루어진다. 한국의 가족주의는 온정주의와 배타주의의 양면적인 문화 구조로 인해 운명 공동체인 친인척에 의해 사회 비리가 일어날 잠재적 개연성을 많이 가지고 있다.

한국 사회는 역사적으로 가문 중심의 친인척 비리가 많았다. 장자 중심의 종법제 가족주의는 조선 중기에 도입되어 후기에 정착되기 시작하여 일제강점기에 들어서 완성되었다. 친인척 중심의 가족주의 비리는 가족주의가 정착되기 시작한 조선 후기에 들면서 집중적으로 나타났다. 조선 후기에 순조, 헌종, 철종의 60년간에 나타난 외척 가문들이 왕권 위에서 비정상적으로 정국을 주도한 세도정치(勢道政治)를 그 예로 들 수 있다. 순조의 장인인 안동 김씨의 김조순 가문과 효명세자의 처가인 풍양 조씨의 조만영 가문이 핵심적인 외척 세력이다. 그 외에도 남양 홍씨, 대구 서씨, 연안

이씨, 나주 박씨 등의 노론의 유력 가문들이 외척 중심의 세도정치에 참여하여 정국을 농단하였다. 세도정치는 매관매직, 과거 부정, 지방 수령의 수탈, 아전들의 농간 등의 원인이 되었으며 당시의 모든 사회 비리의 근원으로 작용하였다.

흥선 대원군은 집권하면서부터 사회 폐해의 중심인 안동 김씨를 몰아내고 외척 세력을 경계하였다. 흥선 대원군은 세도정치를 사전에 차단하기 위해 여흥 민씨 가문 출신의 민비를 고종의 왕비를 신중하게 간택하였다. 우리 민족의 불행한 역사를 온몸으로 막았다고 알려진 명성황후인 민비는 사실과 달리 안동 김씨의 세도정치와 비견될 정도로 악랄한 비리의 온상이었다. 국모임에도 민비는 풍전등화에 놓인 나라의 안위는 의중에 없는 듯이 부패한 행동을 하였다. 대원군을 몰아내고 정권을 잡은 민비는 외척 세력인 민승호, 민겸호, 민응식, 민영익, 민영준 등을 통해 민씨 척족정치를 하였다.

민비는 척족 정치를 기반으로 당시 어려운 나라의 재정을 개인의 재산처럼 사유화하여 흥청망청 물 쓰듯이 하였다. 황현은 매천야록(梅泉野錄)에서 민비는 대원군이 10년간 축적한 재정을 순식간에 탕진하였다고 했다. 갑신정변 때 다친 민영익을 치료해준 알렌에게 10만 냥(현재의 추정 금액으로 약 50억 원)을 사례금으로 선뜻 줄 정도였다. 척족세력인 민형식은 국가 예산의 7분에 1에 해당하는 약 70만 냥을 치부하였다. 언더우드는 『조선견문록』에서 민비에게 결혼 축의금으로 100만 냥(당시 국가 예산은 약 480만 냥)을 선물 받았다고 하였다(KBS1, 역사저널 그날). 당시 매우 위급한 나라의 재정을 고려할 때, 민비는 정상적인 수준에서 도저히 이해하기 어려운 비정상적인 행위를 서슴없이 하였다.

민비는 미신을 좋아하여 언니라고 부르며 따르는 진령군이라는 무당을 불러서 한 번에 수만 냥이 드는 굿판을 수시로 하였다. 또한 민비는 고종과 함께 배우와 기생을 불러 거의 밤마다 파티를 할 정도로 사치가 극에 달했었다. 민씨 일가의 비리로 인해 군인들이 13개월이나 밀린 월급을 받지 못하다가, 쌀로 받는 한 달 치 월급 속에 겨와 모래가 반이나 섞인 것을 지급받자 이에 분노하여 들고 일어난 것이 임오군란이다. 민비가 죽은 뒤에도 조선 후기까지 1천 명이 넘는 민씨 성의 다른 일가 세력이 요직을 차지했을 정도였다. 민비가 심어 놓은 척족 세력의 뿌리는 매우 깊고 넓게 퍼져 있었다.

유길준은 이러한 민비를 가리켜 우리 왕비는 세계 역사상에서 가장 나쁜 여자며, 그녀는 영국의 메리 여왕과 프랑스의 마리 앙투아네트보다 더 악질이라고 하였다. 이 정도 수준이면 민비는 알려진 것과 달리 우리 역사에서 보기 드문 악녀라고 할 수 있다. 시해된 민비에 대한 윤치호(1895.12.11.)의 냉철한 평가는 이 점을 생생하게 보여주고 있다.

지나친 이기심은 왕후이거나 노동자를 불문하고 그에 대한 벌을 받게 되어 있다. 적어도 지각 있는 사람이면 왕후의 집권기간 내내 억압과 잔혹함과 부패의 연속이었음을 부인하지는 않을 것이다. 그녀는 몇 사람을 부유하게 하는 대신 수백만 명을 굶주리게 했다. 그녀는 몇 사람을 행복하게 하는 대신 수백만 명을 비참하게 했다. 그녀는 몇 사람이 비단옷을 입고 죄를 짓고 살게 하는 대신 수백만 명이 추위와 굶주림에 처하게 했다. 그러니 사람들이 그녀의 죽음에 대해 그다지 슬퍼하지 않는 것이 이상한가? 그녀에 대한 기억은 그녀의 총애를 받았던 소수의 무리에게나 애틋할 뿐이다. 아버지 같은 사람들은 충성심과 의리에서 왕후의 죽음을 복수하려고 하고 있다. 그러나 이런 사람들은 극히 소수다.

현대사에 있어서도 친인척 중심의 내부형 가족주의 비리는 끊이질 않았다. 한국의 가족 집단주의 문화로 볼 때, 친인척 중심의 비리는 자연스럽다고 할 정도로 곳곳에 편재되어 헤아리기 어려울 정도로 나타났다. 여기서는 역대 대통령 중심의 친인척 비리만 간단히 언급하고자 한다. 우리의 가족 비리의 특징 중의 하나는 권력을 가진 당사자보다 주위 사람들이 친인척을 접촉 대상을 삼아 비리에 연계시킨다는 점이다. 개인의 권력과 지위는 가문의 명예와 일치한다는 가족 집단주의 인식과 궤를 같이하기 때문이다.

이승만 전 대통령의 경우에는 후사가 없어 이기붕의 아들인 이강석을 양자로 삼았다. 당시 사회를 크게 들썩이게 한 가짜 이강석 사건이 일어났다. 대통령의 아들이란 이유로 어린 가짜 이강석에게 시장, 군수, 경찰 서장 등이 극존칭을 써가며 민망할 정도의 아첨을 하였다. 비록 가짜 이강석이지만, 아들의 권력이 대통령에 버금갈 수 있다는 가족주의 문화에서 오는 친인척 비리의 치부를 드러내는 상징적인 사건이었다.

박정희 전 대통령은 비교적 청렴한 이미지가 있지만, 한국인 특유의 가족주의 문화에서 벗어나지 못하였다. 약 20년 동안 무소불위의 권력을 휘두른 박정희 독재정권에서 친인척 비리가 없을 수가 없었다. 대표적으로 박정희의 친인척과 측근에 의해 운영됐던 정수장학회를 들 수 있다. 정수장학회는 설립 과정부터 불법과 강탈이라는 많은 논란이 있었으며, MBC 지분 30%, 부산일보 지분 100%, 경향신문사 사옥 부지 등을 가지고 있었다. 대통령의 후광이 아니면, 그 딸들이 천문학적 재산을 가진 정수학회와 수천억대의 부동산을 소유하고 있는 육영재단을 지배하는 것은 거의 불가능한 일이다. 이 외에도 박정희의 친족과 처가의 친인척들이 크고 작은 비리에 연계되어 있었다.

전두환 전 대통령의 친인척 비리는 역대 대통령 중에 가장 심했다고 평가받고 있다. 전두환 전 대통령은 가족주의 비리의 전형을 보여주고 있다. 전두환 전 대통령의 친족과 처가의 친인척은 당시의 언론과 여론이 세찬 비판을 하는데도 전혀 부끄럼 없이 공개적으로 치부를 할 정도였다. 이들의 치부를 빗대어 세간에서는 전두환의 일해 왕국, 전경환의 새마을 왕국, 전기환의 용산 마피아 왕국이라고 불렀다. 이들의 모습은 비리 백화점이었으며, 부정축재, 뇌물, 금품수수, 횡령, 국고 낭비, 해외 재산 도피, 권력 남용 등을 권력의 비호 아래 서슴없이 행하였다.

노태우 전 대통령은 자신의 처조카이자 6공의 황태자라고 불린 박철언 전 정무장관이 슬롯머신 업자로부터 수억 원을 받은 혐의로 구속되었으며, 또한 수백억 원의 불법 비자금 의혹을 받아 한때 논란의 중심에 있기도 하였다.

김영삼 전 대통령은 당시 소통령이라 불리던 차남 김현철의 비리에 대해 당시 모든 언론이 주목하였지만, 전혀 개의치 않을 정도였다. 결국 그는 전 한솔 PCS 부사장으로부터 50억 원~70억 원의 비자금을 챙겨 논란이 되었으며, 한보 사태에 연루되어 기업인 6명으로부터 66억 원을 받은 혐의로 구속되었다.

김대중 전 대통령의 세 아들 역시 각종 비리에 휘말렸다. 장남은 나라 종합금융 로비 사건으로 인해 불구속 기소되었고, 차남은 기업에서 이권 청탁의 대가로 수십억 원의 뇌물을 받아 구속되었다. 삼남은 최규선 게이트와 각종 이권 사업에 개입하여 구속 기소되었다. 노무현 전 대통령의 형은 세종증권 인수 과정에 개입해 수십억 원의 금품을 수수하여 구속되었다.

이명박 전 대통령의 형이며 국회부의장을 역임한 이상득은 각종 이권 사업에 개입했으며, 저축은행으로부터 로비자금 수수 혐의로 구속되어 징역을 선고받았다. 당시 형인 이상득을 통하면 모든 것이 이루어진다는 그의 비리를 빗대어 만사형통(萬事亨通)을 만사형통(萬事兄通)이라고 하였다.

역대 대통령 중심으로 친인척 비리를 개략적으로 논의했지만, 우리 사회에서 친인척 비리는 넓게 퍼져 있으며 그 연결 고리가 쉽게 끊어지지 않고 있다. 오랫동안 유지해 온 공동운명체라는 가족 집단주의 의식은 가족 간의 비리를 온정주의로 감싸는 문화적 연대감으로 작동하기 때문이다.

우리 사회에서 내부형 가족주의 비리는 특정 고위층에게만 있는 것이 아니라, 사회 전체 곳곳에서 나타났다. 일반 가족과 친인척 비리는 은밀하게 암약되어 왔지만, 규모가 크지 않아서 큰 주목을 받지 못하였다. 서울교통공사에서 가족과 친인척의 특혜채용 비리가 밝혀지면서 사회 전체에 충격을 주었다. 정부의 의미 있는 정책인 '비정규직의 정규직화'를 악용하여 가족과 친인척을 고용 세습한 것이다. 다른 공기업에서도 크고 작은 고용 세습이 이루어지고 있다는 사실이 밝혀졌다. 문재인 대통령이 취임사에 밝힌 "누구에게나 기회는 평등하고, 과정은 공정하고, 결과는 정의로운 나라"라는 멋진 구호를 무색하게 하였다.

2011년 현대자동차 노조는 단체 협약서에서 "정년 퇴직자 및 25년 이상 장기근속 조합원의 자녀 1인을 우선 채용한다."고 규정하였다. 다른 13개의 노조에서도 고용 세습에 관한 비슷한 규정을 두었다. 하태경 국회의원이 노조의 고용 세습 문제점을 신랄하게 지적하자 현대자동차 노조는 사실관계를 파악하지 못한 일부 국회의원들의 잘못된 주장이라고 하였다. 고용세습에 대한 합의는 있었지만, 단 한 번도 시행하지 않았으며 사실상 사문화(死文化)되었다고 하였다. 그런데 사문화된 것이 중요한 것이 아니라, 아직도 문서로 남아 있다는 것이다. 의미 없는 사문화로 남겨 두느니, 완전 폐지하는 것이 사회의 오해를 불식시킬 수 있다.

노조의 고용 세습은 헌법에 위배되는 일이다. 안타까운 일이지만 노조의 고용 세습 규정은 사회의 금기와 같은 것이다. 노조가 옳은 방향을 가기 위해서는 처음부터 고용 세습에 관한 말 자체가 나오지 말았어야 했다. 타인에게 정의를 요구하려면, 스스로 정의로워야 한다. 가족과 친인척의 고용 세습은 세계에서 거의 유례를 찾아보기 어려우며, 가족주의라는 전근대적 인식에서 비롯된 것이다. 노조의 고용 세습 규정은 국가의 근본인 국민의 심리적 기반을 흔드는 심각한 사안이라고 할 수 있다.

둘째, 가족주의의 문화 의식이 사회적으로 확장되어 나타난 '외부형 가족주의' 비리를 들 수 있다. 가족주의는 동일 가족 내에서는 서로를 감싸주는 온정적인 태도를, 다른 가족에 대해서는 배타적인 태도를 보인다. 외부형 가족주의는 내부형 가족주의의 장자 중심의 계급 문화 의식이 일상의 조직에 침투하여 사회적으로 확장되어 나타난 것이다. 외부형 가족주의는 사회 내에서 한 조직(부서)을 이루는 구성원들이 가족처럼 서로 간에 온정적 유대 관계를 가지고 있지만, 다른 조직(부서)의 구성원들에게는 폐쇄적이며 경쟁적인 태도를 보인다.

외부형 가족주의는 정도의 차이가 있지만, 내부형 가족주의와 비슷한 특성이 있다. 외부형 가족주의는 조직의 구성원을 가족처럼 서로 보호하고 감싸주고 밀어주며 당겨주는 내부형 가족주의와 같이 사회 운명의 공동체 의식을 가지고 있다. 외부형 가족주의의 특징을 잘 나타내는 것이 관료의 부처 이기주의다. 부처 이기주의는 조직 내에서는 온정적이지만, 타 조직에는 배타적인 가족주의 문화 특성이 있다. 극심한 부처 이기주의는 역설적으로 국가의 이익보다 부처라는 조직 구성원의 이익을 위해 판단하게 한다. 가족주의 문화를 흡수한 부처 이기주의는 구성원들에게 암묵적으로 가족과 같은 운명공동체적 연대감을 강조한다. 부처 이기주의는 국가 이익을 위한 내부자 고발에 대해 가족 구성원을 해치는 것과 같이 배신자라고 조직의 일탈자로 낙인을 찍으며 의리(義理) 가족주의를 강조한다. 온정적 가족주의가 사회적으로 의리 가족주의로 변모한 것이다. 외부형 가족주의 의식은 부처 이기주의를 조직 내에서 정당화하는 문화 특성이 있다.

관료의 외부형 가족주의 비리는 공정거래위원회 퇴직자의 전관예우에서도 나타났다. 사회의 공정성과 투명성을 실천해야 하는 공정위는 4급 이상의 고위직 출신의 퇴직자들이 소속 부처 업무와 관련이 있는 유관 업체에 재취업한 것이 국정감사 자료에 의해 밝혀졌다. 고위 공직자는 유관 직무에 대해서 2년 이내에 재취업을 금지하는 법을 무시하고, 소속 관료들이 집단적이며 조직적으로 비리를 저질렀다. 공정위 관료들은 서로를 챙기는 가족주의의 공동체 문화로 인해 법의 취지를 조롱하듯이 비리를 저질렀다. 가장 공정하고 깨끗해야 할 관료 집단이 결국 조직의 가족 같은 구성원에 의해 집단적인 비리가 일어난 것이다.

법조 비리의 대명사는 전관예우다. 법조계 전관예우에 대해 그동안 언론과 여론이 엄청나고 세찬 비판을 거듭하였지만, 아직도 약화될 기미는 보이지 않을 정도로 오랜 역사와 깊은 뿌리를 가지고 있다. 전관예우는 고위 공직자가 퇴임 후에도 재임과 같이 비슷한 대우를 받는 것이다. 법조계 전관예우는 퇴임한 판검사 출신의 변호사가 수임한 사건들을 현직 판검사들이 불공정하게 도와주는 것을 말한다. 사회 정의를 구현할 책임이 있는 법조계 고위 공직자의 전관예우는 우리 사회에서 오랫동안 악성적인 관행으로 자리잡아 왔었다.

2006년 당시 노회찬 의원은 개인 변호사 436명 중 전관 변호사가 305명이었으며, 수도권 지역이 심각한 것으로 나타났다고 하였다. 법조계의 전관예우는 동종에서 일한다는 가족공동체적인 연대감으로 사회 정의를 갉아 먹는 비리를 노골적으로 자행한다. 전관예우는 결국 국민에게 모든 피해를 짊어지게 하는 사회의 흡혈귀와 같은 것이다. 전관예우에 대해 언론과 여론이 세차게 비판해도 서로를 보호하는 법조계의 굳건한 가족주의 의식은 전혀 흔들리지 않고 있다. 전관예우는 국가보다, 사회보다 의리 가족주의

가 우선인 것이다.

국가의 방산 비리는 매우 엄격히 다루어야 한다. 방산 비리는 국방의 균열을 내는 독벌레와 같다. 방산 비리가 심각한 것은 고장난 작은 부품 하나에도 병사들의 목숨이 좌우되기 때문이다. 방산 비리는 결국 전우의 목숨값이며, 대한민국의 귀한 아들을 돈에 파는 파렴치한 범죄라서 매우 엄중하고 심각하게 처리해야 한다.

그러나 안타깝게도 우리 사회에서 천문학적 액수의 방산 비리는 끊이질 않고 있다. 특히 퇴직한 장성들에 의해 주도되는 방산 비리는 퇴직과 현역 군인의 계급적인 카르텔을 통해 제 식구 감싸기 성격이 짙다. 퇴직 장성들에 의한 방산 비리는 방사청의 현역 실무자들의 묵인과 도움이 없으면 일어나기 어려운 구조다. 방산 비리는 전관예우와 같이 군인들 간에 암묵적인 커넥션의 기반이 되는 가족의 공동체적 연대 의식이 작동하여 생긴 결과다.

한민구 전 국방부 장관은 국정 감사에서 방사청의 실무자들에 의해 일어난다는 의미로 '생계형 방산 비리'라고 말하였다. 한 나라의 국방 책임자의 생계형 방산 비리라는 경솔한 표현은 여론과 언론의 거친 질타를 받았으며, 이 말을 전해 들은 국민들은 통탄할 수밖에 없었다. 다른 공무원에 비해 군인들의 대우는 나쁘지는 않다. 대위의 호봉급은 5급~6급 공무원 수준이며, 소장은 1급 공무원 이상의 대우와 상당한 정도의 수당을 함께 받고 있다. 군 장교 출신들은 공무원 중에서도 최고 수준의 연금 수령을 보장받고 있다. 군 장교들은 퇴직 후의 생활도 충분히 보장받고 있는 셈이다.

생계형 방산 비리는 단순한 표현이 아니라, 장성들이 계급적 카르텔을 통해 퇴직 후에도 특별한 대우를 받고 싶은 무의식적 수준을 보여주는 것이다. 군인들의 공동체적인 연대감은 서로를 보호하고 감싸려는 가족주의 의식과 깊이 연결되어 있다. 한국의 방산 비리는 계급적 연대 의식을 통해 발생한 가족주의 방산 비리라고 할 수 있다.

지금까지 한국 사회에서 나타나는 가족주의 비리의 사회 성격에 대해 살펴보았다. 물론 가족주의가 한국 사회의 비리 모두를 설명하는 것은 아니다. 그러나 가족주의 연대 의식이 사회 비리에 침투하여 확장되어 나타난 것은 부인할 수는 없다. 사회 비리는 가족의 연대 의식이 침투한 친인척 중심의 가족주의 비리와 큰 차이가 없다. 가족주의 비리 역시 일반적인 사회 비리와 같이 원칙에 어긋난 편법을 통해서라도 특별한 사람이 되어 끊임없이 특별한 대우를 받으려는 이기적인 속성을 가지고 있다. 사회 비리의 무의식 심층에는 타인에게 잘 보이고, 손쉽게 사회의 주인이 되려는 히스테리적인 욕망이 숨어 있다.

제6장

한국인 히스테리의 명과 암

제6장

×

한국인 히스테리의 명과 암

1. 사회 에너지로서 한국인 히스테리

세상의 누구나 신경증을 피할 수 없다. 문화가 있는 곳에는 금지와 억압이 있어서 신경증은 숙명적이다. 그래서 프로이트는 정상인은 없다고 했다. 단지 일상생활에 큰 불편 없이 지내는 일반인이 있을 뿐이다. 병적인 증후가 두드러진 비정상적인 사람들을 제외하고, 신경증은 누구나 조금은 안고 산다. 금지와 억압의 배경이 다르면 신경증의 성격이 달라진다. 히스테리도 마찬가지다. 히스테리는 자연 환경과 사회 환경 그리고 역사 환경 등이 긴밀한 함수 관계를 가지면서 그 특성이 달리 나타난다.

한국인은 특유의 히스테리 배경 요인들을 가지고 있다. 70% 산지의 지리적 요인은 좁은 공간에서 활발한 의사소통 교류를 있게 했다. 긴 겨울의 계절적 요인은 굶주림을 극복하기 위한 거친 생존력을 가지게 했으며, 역사적 시련의 지정학적 요인은 약육강식의 세계에서 살기 위해 끈질긴 생명을 유지하게 했다. 성리학의 이념적 요인은 겸손과 체면이라는 형식적 계급 의식을 내면화하게 했고, 가족주의의 문화적 요인은 내부적으로는 온정주의를, 외부적으로 배타적인 가족 집단주의 의식을 강화하게 했다.

이런 배경 요인들은 상호 복합적인 긴 과정을 거치면서, 한국인의 히스테리 특성을 드러내게 하였다. 한국인은 타인을 지나치게 의식하고, 강한 평등 의식으로 인한 사회 차별에 민감하고, 사회의 주인으로 주목받고 싶어 하며, 보여주기의 과시 욕망이 강하며, 양극단의 감정의 폭이 넓은 특징을 가지고 있다. 한국인은 평등 의식, 주인 의식, 경쟁 의식, 과시 욕구를 강하게 내재하고 있다. 모두 타인을 민감하게 의식해서 비롯된 한국인 특유의 히스테리다.

한국인 히스테리는 '시원섭섭하다.', '미운 정 고운 정'처럼 일상생활에서 양가감정을 가지게 한다. '세련되지만 투박하고', '부드럽지만 거칠고', '온순하지만 다혈질적이며', '느긋하지만 빨리빨리같이 역동적이며', '겸손하지만 무례하고', '정감 있지만 야박하고', '몸은 구속되어 있지만 정신은 자유롭고', '조직에 순종하지만 저항을 꿈꾸며', '수직적이지만 수평적 의식이 있으며', '민족적 열등감이 있지만 민족적 자존감이 있고', '자신에게는 평등하지만 타인에게는 불평등하고', '자신의 공정성과 차별에 민감하지만 타인의 공정성과 차별에 무관심하고', '자신은 교만하지만 타인에게는 겸손을 요구하고', '자신은 사치스럽지만 타인에게는 검소를 요구하는' 이러한 내로남불은 자신을 중심에 두고 의식하는 전형적인 한국인 히스테리다.

한국인은 히스테리 주인이 되고 싶은 욕망이 있을 뿐, 진정한 주인이 되지 않는다. 한국인의 양가감정의 실체는 좁은 공간에서 살아온 한국인 특유의 경험과 심리 구조에서 기인한 것이다. 이런 현상은 오랜 세월에 걸쳐 축적된 역사적인 관성 효과에 의해 비롯되었다.

과장하면 한국인은 한국인이라는 타인을 이기면 자신이 사회의 승자라는 착각을 한다. 좁은 공간에서 살아온 한국인은 다른 한국인보다 잘 살아야 하며, 학력이 높아야 하며, 더 좋은 수입차와 명품을 가져야 한다. 한국인의 경쟁 상대는 한국인이다. 한국인은 자신도 모르게 한국인을 경쟁 상대로 삼고 있다. 이웃을 경쟁 상대로 삼는 '배 고픈 것은 참아도 배 아픈 것은 못참는다.'와 특별한 능력을 시기하는 '모난 돌이 정 맞는다.'라는 말은 같은 한국인을 대상으로 하고 있다. 한국인의 비교 대상은 한국인이다. 한국인은 한국인을 이겨야만 사회의 승자가 된다는 히스테리 착각을 한다.

한국인들은 서로가 치열한 경쟁을 주저하지 않는다. 한국인은 사회에서 주인이 되고 싶은 강한 히스테리 에너지가 있다. 구체적으로 사회의 후계자가 되고 싶은 '권력 히스테리', 신분 상승을 꿈꾸는 '출세 히스테리', 혈통을 자랑하고 싶은 '가족 히스테리', 존재감을 보여주고 싶은 '과시 히스테리', 신분 차이를 확인하고 싶은 '명품 히스테리', 우월성을 대접받고 싶은 '갑질 히스테리', 사회의 인정을 받고 싶은 '학력 히스테리', 존재의 열등감을 자극하는 '비교 히스테리', 특별한 대우를 받고 싶은 '비리 히스테리'가 있다. 이 모든 히스테리 이면에는 사회에서 주목받는 주인이 되고 싶은 욕망이 숨어 있다.

한국인 히스테리는 그 자체로 장·단점이 있지만, 한국인 특유의 성격이며 우리의 민족성이며 우리 사회를 움직이는 에너지다. 한국인 히스테리의 장·단점을 선과 악이라는 이분법적인 도덕적 잣대로 재단해서는 안 된다. 어느 민족의 성격도 장·단점이 존재한다. 한국인 히스테리의 장·단점을 자세히 보면 한 뿌리에서 나왔다는 것을 알 수 있다. 한국인 히스테리는 우리의 민족성이며, 한국인 히스테리 욕망은 우리 민족의 에너지로 역사적으로 강화된 것이다.

한국인 히스테리는 역사의 무대에서 우리를 움직이는 중추적 에너지로 작용하였다. 한국인 히스테리는 우리 민족의 성격이며 우리 사회의 에너지다. 따라서 우리는 히스테리 에너지를 긍정적인 사회 에너지로 활용하는 것에 대한 성찰이 필요하다. 시대가 주어지는 환경에 따라 한국인 히스테리는 옳고 그름을 떠나서 그 장·단점이 탄력적으로 적용됐다. 예컨대 빨리빨리 문화의 역동적이며 다혈질적인 성격은 조선 시대에는 경솔한 태도로 저급한 평가를 받았지만, 현대사에서는 경제 기적을 일으킨 사회 에너지로 분출됐다. 시대라는 역사 모습에 따라 우리의 히스테리적인 장점이 단점이 되고, 단점이 장점이 될 수 있다. 우리의 히스테리적인 민족성은 장·단점을 구분하기보다는 동전의 양면과 같은 하나의 온 전체로 보아야 한다. 한국인 히스테리의 장·단점은 시대의 변화하는 모습에 따라 우리 사회를 움직이는 탄력적인 에너지로 작동할 것이다.

2. 미래 에너지로서 한국인 히스테리

가. 한국인 히스테리와 미래 에너지

미래 사회를 특정 모습으로 규정하기는 어렵다. 미래 사회에 대한 예단이 어려운 것은 과학 기술의 급속한 발달로 인한 사회의 변화 속도를 가늠하지 못하기 때문이다. 2000년대에 인류 문명은 농업혁명과 산업혁명을 거치고 디지털로 인한 정보통신 발달로 지식혁명이 이루어져서 지식의 고부가가치를 강조하는 지식기반사회(knowledge-based society)가 도래했다고 하였다.

얼마 못 가서 2016년에 스위스 다보스의 세계경제포럼에서 지식기반사회를 뛰어넘는 제4차 산업혁명을 주요 의제로 삼으면서, 여기에 대한 관심이 커졌다. 제4차 산업혁명은 빅데이터, 인공지능(AI), 사물인터넷(IoT), 3D 프린터, 로봇공학, 블록체인, 공유경제, 유전공학, 바이오 프린팅, 합성 생물학 등으로 인간과 인간, 인간과 사물, 사물과 사물을 연결하는 초연결성(hyper-connected)과 초지능화(hyper-intelligent)를 통해 지능화된 사회를 구현하고 있다.

미래 사회는 시시각각으로 변화하고 있다. 과학 기술의 예상치 못한 발달은 미래 사회를 우리의 예상을 뛰어넘는 새로운 모습으로 나타나게 한다. 미래 사회의 급격한 변화를 예측하기는 어렵지만, 우리가 적응해야 하는 일정한 흐름을 유지하고 있다. 미래 사회의 큰 물결은 사회적으로는 수평적 관계를, 문화적으로는 탈가치화와 세계화를, 정치적으로는 참여 민주주의를, 경제적으로는 지식의 고부가가치화라는 흐름을 향하고 있다. 이러한 엄청난 변화 물결에 적응하기 위해 인간은 유연하고 창의적인 두뇌와 통합적이고 문제해결적인 사고 그리고 자기주도적이며 열정적인 태도를 가져야 한다.

한국인 히스테리는 미래를 선도하는 혁신성과 협동성의 에너지를 내장한 잠재성이 매우 높다. 미래 에너지로서 한국인 히스테리의 잠재성은 박근혜 전 대통령의 퇴진 운동을 한 촛불 혁명에서 잘 보여진다. 촛불 혁명은 한국인 히스테리의 총체성을 고스란히 담고 있다. 촛불 혁명은 한국인의 주인 의식, 평등 의식, 저항 정신, 흥과 열정, 자유로운 개방적 태도 등이 어울려져 세련되게 자기 의사를 표현하였다. 다음의 시「촛불을 올리자」와「위대한 사람들의 축제」는 촛불 혁명을 참가하면서 느낀 감동을 표현한 것이다.

촛불 혁명은 최순실의 국정농단에 대한 박근혜의 무능함에 대해 자존심이 상한 국민들이 분노한 시민 혁명이다. 촛불 혁명은 남녀노소와 어린 학생도 자발적으로 참여한 대규모의 집회였다. 개인적으로 참담한 마음으로 촛불 혁명에 참여했지만, 거기에 모인 시민들은 '슬픔을 기쁨으로', '절망을 희망으로', '비통을 환희로', '분노를 놀이로' 바꾸어 놓았다. 촛불 혁명은 '축제인 듯 축제가 아닌 축제', '저항인 듯 저항 아닌 저항'이었다.

인류가 생긴 이래 이렇게 아름다운 저항이 있었는가는 생각이 들 정도였다. 한쪽에서는 비통한 눈빛으로 절망하고 있지만, 다른 한쪽에서는 깨질듯한 농악의 흥겨운 소리에 맞춰, 처음 본 사람들과 함께 원을 만들어 미친 듯이 돌고 있었다. 그 장면은 단연 압권이었다. 촛불 혁명은 무질서하면서 질서가 있고, 질서가 있으면서 무질서한 시민이 만든 축제 같은 혁명이었다.

촛불을 올리자

젊은 구름이 가려도
길게 놓인 탐욕의 벽이 막아도
누구도 부르지 않았지만
나와 닮은 사람들이 만든 환한 빛들

유모차 아기도, 어린 학생도
온몸에 역사의 고통이 남은 백발노인도
누구도 가르쳐 주지 않았지만
단 하나의 염원으로 이 자리에 서서

소리 없고 그림자였던 촛불은
거센 비바람에 물러서지 않고
높이 휘젓는 깃발보다
더욱 고개를 쳐들어 깊어진 허공을
본다.

어둠에 갇힌 이 땅을 위해
역사의 혼을 감춘 자들이
오랜 견딤으로 타다 남은 재로
정명正名의 불을 밝히고

얼굴도 이름도 모르지만
그들은 하나가 되어
거칠게 타오르는 민주의 횃불을 들고
하늘보다 높이 올라서서

가슴에 머문 분노를 놀이터 삼아
우리라는 모르는 사람이
농악대에 어우러져 춤추며
한바탕 소란스런 행진이 된 이 날의 축제
눈부시게 아름다운 이 날을 기억하자.

출처: 강창동(2016). 미간행.

위대한 사람들의 축제

사이비 무당이 통치한 나라
자존심은 깊은 늪에 빠져
수치심은 온몸을 떨게 하고
갈 곳 잃은 공황恐慌은 틈도 주지 않아

목에 걸린 울분을 뱉기 위해
가슴이 만든 촛불 하나 들고
광화문 사거리에 모여든
나와 같은 사람들

외로운 촛불은 백만이 모여
파도 탄 촛불은 바다보다 웅장하고
치켜든 촛불은 백두산보다 높더라

도로에는 포장마차가 서고
촛불은 축제를 밝히는 불빛되어
스치는 사람은 침묵으로 말을 건네며

가슴에는 분노를 얼굴에는 웃음을
가슴에는 좌절을 얼굴에는 미래를
힘없는 자의 촛불은
농악대에 맞춰 행진이 되고 있다.

서로에게 의지하여 하나 된 촛불은
마음을 밝히는 등불이 되어
회색 시간을 맴도는
서로의 영혼을 치유하여

굳은 몸은 하늘 춤이 되고
날 선 응어리는
설렘 가득한 소리로 변하여
토하고 싶은 절규는 흥겨운 힙합이 되어서

엄마 손을 잡은 아이들도
교복 입고 깃발 세운 학생들도
역사의 시련을 견뎌낸 백발의 초로들도
이날만은 나이도 잊고 이념도 뒤로한 채

함께 거친 목소리로
하늘 높이 외친 이 한마디
박근혜는 하야하라
박근혜는 퇴진하라

분노가 촛불이 되어
울분이 악기가 되어
절규가 노래가 되어
가슴에는 알 수 없는 눈물이 머물러

당신들은 아는가
위대한 사람들의 위대한 축제
인류가 생긴 이래
이렇게 아름다운 폭력적 시위를 본 적이
있는가.

출처: 강창동(2016). 미간행.

참여한 모든 시민은 조용하지만 이 나라의 주인은 대통령이 아니라 '내가 주인이며 우리가 주인'이라는 것을 강렬하게 표현하고 있었다. 나라의 주인인 우리는 최순실이라는 어처구니없는 사람한테 통치를 받았던 사실에 자존심이 상하면서 분노했다. 하지만 그들은 절망하지 않고 처음 마주한 사람들과 함께 넘치는 분노를 온몸으로 열정적인 춤으로 표현했다. 그들의 에너지는 축제가 될 정도로 차고 넘쳤으며, 히스테리적인 멋진 광기였다. 어린 학생이라도 누구나 평등하게 대했으며 사소한 의견도 무시하지 않고 기회를 개방하였다. 촛불 혁명에는 누구나 주인이었다.

촛불 혁명의 시민들은 사회의 후계자로서 역사의 주인이며, 평등하고 개방적이며 열정적인 흥을 곳곳에 표현하고 있었다. '원칙이 있으면서 원칙이 없는', '틀이 있으면서 틀에 얽매이지 않는' 자유로운 역동성이 거리를 메우고 있었다. 촛불 혁명은 단순한 집회가 아니라, 미래 에너지로서 한국인 히스테리의 열정을 드러냈다. 촛불 혁명은 미래 사회의 자원으로서 한국인 히스테리의 방향을 제시하고 있었다.

나. 한국인 히스테리와 미래의 방향

미래 사회를 가는 길목에서 만나는 한국인 히스테리의 키워드는 평등성, 자유성, 개방성, 공정성, 적극성, 역동성, 열정성, 세련성을 가지고 있다. 특히 한국인 히스테리의 평등성, 유연성, 개방성, 공정성, 열정성이란 가치들은 미래를 선도하는 창의적이고 긍정적인 에너지다. 우리 사회를 이끄는 지도자들은 한국인의 이런 히스테리 특징을 잘 이해해야 한다.

한국의 지도자는 합리적이고 설득력 있는 비전 제시 능력과 누구나 차별하지 않는 공정한 태도 그리고 자신에게도 엄격한 도덕 기준의 적용 등을 갖추고 있어야 한다. 지도자는 부하 직원에게 조직에 대한 주인 의식을 가질 것을 강요하지 말고, 먼저 부하 직원에게 주인 의식을 갖게 했는지 자신부터 성찰해야 한다.

한국의 지도자는 계급적 권위에 의존하지 말고, 부하 직원을 일하는 동료로서 받아들여야 한다. 지도자는 조직의 위계가 만든 인위적인 권위가 아니라, 합리적인 능력과 공정한 태도 그리고 포용적인 인격에서 오는 자연스런 권위에 따라야 한다. 또한 지도자는 주어진 권한에 따른 책임을 져야 한다. 권한만 있고 책임을 회피하는 지도자는 서서히 조직의 균열을 내는 해충(害蟲) 같은 존재다.

한국의 지도자는 내 방의 문은 활짝 열려있으니 언제든지 와서 의견을 달라는 어설픈 개방적인 태도를 보인다. 이 말속에는 부하 직원에 대한 계급적인 권위 의식과 오만한 주인 의식을 담고 있다. 문턱이 높아서 찾아가기도 어렵지만, 진정한 지혜가 필요하다면 지도자가 먼저 부하 직원에게 동료로서 다가서야 한다. 부하 직원은 지도자를 찾아가 자신의 지혜를 알려줄 의무가 없다. 지도자들은 자신의 권위로 인해 부하 직원들이 스스로 알려줄 것이라는 착각을 한다. 이런 지도자는 귀는 열려 있지만, 가슴은 닫혀 있다. 귀로 듣는 것이 아니라 가슴으로 들어야 한다. 가슴으로 듣기 위해서는 부하 직원이 있는 현장을 찾아야 한다. 현장에는 언제나 예상치 못한 답이 숨어 있다.

한국의 지도자는 반대파를 배척하기보다는 그들의 지혜를 빌릴 준비가 있어야 한다. 반대파는 지도자의 정확한 약점을 알고 있다. 반대파의 많은 지적에서, 겨우 하나를 구할 수 있는 인내와 혜안이 필요하다. 반대파의 논리를 지혜롭게 포용할 수 있는 지도자는 오랫동안 치열한 성찰로 쌓인 인생의 내공이 뒷받침되어야 가능하다. 지도자는 조직의 위계를 서게 하는 차가운 공정성을 기반으로 한 수직적 권위와 아랫사람을 동료로 대하는 따뜻한 개방성을 기반으로 한 수평적 권위가 조화를 이루어야 한다. 한 마디로 지도자는 지도자다워야 한다.

한국인은 상대를 승자로 인정하지 않는 주인 의식으로 인해, 지도자의 위선을 지적하고 저항하는 히스테리적인 통찰력을 가지고 있다. 한국인은 지도자가 공정하고 설득력 있는 옳은 길을 제시하면, 자기를 희생하는 흥을 통해 열정적인 집중력을 보인다. 그렇지 않으면 그 반대의 논리도 존재한다. 앞에서는 순종하지만, 뒤에서는 히스테리적인 저항을 꿈꾼다. 한국인은 내로남불로 인해 자신에게는 관대하지만, 타인에게는 옳고 그름이라는 차가운 잣대로 지적한다.

우리 사회의 지도자는 가야 할 방향과 최소의 규칙만 제시하고 지원은 하되 참견하지 말아야 하며, 지원은 하되 통제하지 말아야 한다. 한국인은 놀 수 있는 판만 만들어 주면, 알아서 방향을 찾아간다. 자생력으로 세계를 정복한 비보이, 게이머, 강남스타일 등은 세계의 눈과 귀를 사로잡았다. 우리의 고유한 특성을 담은 K-팝, K-드라마, K-화장품 등은 세계가 한국을 주목하게 하였다.

한국인은 무대만 잘 꾸며주면 히스테리의 열정으로 멋있게 춤출 수 있는 흥이라는 에너지가 있다. 우리 땅은 히스테리의 열정적 에너지를 가진 한국인을 감당하기에 너무 좁은 공간이다. 타인보다 앞서고 싶은 주인 의식과 자유로운 역동적 에너지는 세계를 상대할 수 있는 강력한 무기다. 한국인의 주인 의식과 열정은 세계 무대에서 최고가 될 수 있는 에너지를 품고 있다. 한국 사회의 내부에서 응축된 경쟁 에너지를 세계 무대의 외부에서 발현하게 해주어야 한다. 한국인에게 좁은 한국보다 넓은 세계에 관심을 가지게 해야 한다. 한국인의 경쟁 상대는 한국인이 아니라 세계인이 되어야 한다. 한국인과 경쟁하기보다는 세계인과 경쟁하는 국가 전략이 필요하다.

한국인의 조직 관리는 의사소통을 독점하여 정보 권력으로 이용하지 말고, 개방적이며 수평적이며 평등한 관계를 도모해야 한다. 한국인은 자신이 조직의 주인이라는 의식이 있어야만 열정적인 태도를 보일 수 있다. 조직은 강요된 순종을 강제하지 말고, 분명한 이유가 있는 자유로운 순종을 요구해야 한다. 강요된 순종은 결국 주인 의식이 강한 한국인 히스테리의 저항을 맞을 수 있다.

미래 사회는 확실히 자유롭고 유연한 사고 체계를 요구한다. 유연한 사고는 창의력의 깊은 원천이다. 한국인 히스테리에 잠재하고 있는 유연성을 높여서 미래 사회를 움직이는 에너지로 활용해야 한다. 우리 사회는 개인적으로 유연하지만, 유교의 영향으로 사회적으로 경직되어 있다. '세 살 버릇이 여든까지 간다.'는 말이 있다. 나이가 들수록 개선하지 않고 나이에 안주하려는 경향이 있다. 이런 경직성은 생물학적 이유가 있지만, 사회적인 이유가 더욱 크다.

개인적으로 젊었을 때 50대 중반의 사람이 깊은 지혜를 상징하는 경륜(經綸)이 있다면서, 실력 있는 젊은 사람을 무시하고 요직을 차지하는 것을 보았다. 일종의 경륜 이데올로기다. 어떤 사람은 심지어 큰 실수를 해도 사과는 고사하고, 오히려 나이가 들어 고치기 어려우니 양해를 구하면서 고압적인 태도를 보인다. 우리 사회는 나이가 들면 잘못 자체를 고치려 하지 않는다. 나이는 숫자일 뿐이지만, 나이에 안주하고 나이 탓만 돌리는 심각한 경직된 주인 의식을 보인다.

오랜 시간이 지나 이들의 말이 상당히 과장됐다는 것을 알았다. 나라를 다스릴 정도의 경륜이라는 큰 지혜는 아무나 주어지는 것은 아니다. 경륜은 젊었을 때에 끊임없는 고민과 치열한 성찰적 사고를 한 극소수의 사람에게만 주어지는 혜택이다. 큰 실수를 해도 나이가 들어 고치기 어려운 것은 젊었을 때부터 변화에 대한 유연성보다 경직적인 태도로 일관했기 때문에 생긴 인생 후유증에 불과하다. 젊었을 때부터 유연한 사고를 높이기 위해 끊임없이 고민하고 온몸으로 내면화하도록 노력해야 한다. 그래야만 나이가 들어서도 경륜의 혜택을 가질 수 있고, 미래 사회에 적응하는 유연한 사고의 주인 의식을 가질 수 있다.

앞으로 전개될 미래 사회는 한국인의 히스테리 성격과 어울릴 수 있다. 한국인 히스테리는 한 뿌리에서 나온 장·단점이 공존하지만, 미래 사회를 움직이는 에너지로 활용될 수 있다. 한국인 히스테리는 수평적 평등의식에서 나온 개방성, 사회의 주인이 되기 위한 경쟁력, 형식의 틀을 싫어하는 자유로운 유연성. 불평등한 차별에 대한 저항으로서 추구되는 공정성, 급속한 변화를 주도하는 역동적인 적응력, 일의 성취를 위한 열정적인 집중력, 아름다움을 표현하는 자연적 세련미 등을 특징으로 하고 있다. 이러한 한국인 히스테리는 미래 사회를 움직이는 에너지를 함축하고 있다. 우리 사회는 한국인 히스테리의 긍정적인 에너지를 활용하여 빛의 속도로 변화하는 미래를 지혜롭게 맞이해야 한다.

제7장

히스테리의 정신분석학적 이해

제7장

히스테리의 정신분석학적 이해

1. 신경증으로서 히스테리

아기는 생명의 씨가 생긴 순간부터 어머니와 혼연일체가 되어 무의식 깊은 곳에서 무한 자유와 절대 행복 속에 있다고 상상한다. 아기는 어떤 장애도 존재하지 않는 무결점의 세계에서 쾌락의 끝자락인 향락(jouissance: 주이상스)을 즐긴다. 아기는 존재의 충만함이 넘치는 무한 자유 속에서 영원한 행복감을 느낀다.

아기에게 절대 쾌락을 주는 무한 자유에 대해 최초로 제동을 거는 존재는 아버지다. 아버지는 아기에게 상상이 빚어낸 무한 자유의 위험성을 알리면서 자유에 대해 제한을 가한다. 아버지는 아기의 무한 자유를 억압한다. 아버지의 억압으로 인해 아기는 자신의 절대 자유와 행복감을 무의식의 깊은 심층 속에 감추어 버린다. 질서와 규칙을 강조하는 현실 세계의 아버지가 원하지 않기 때문이다. 그래서 아기는 무한 자유라는 무질서 세계에서 금지를 요구하는 아버지로 인해 질서 세계에 진입하게 된다.

정신분석학에서 아버지는 금지와 억압을 상징한다. 아버지는 아기의 상상에 생긴 무한 자유에 대한 금지와 억압을 강요하는 존재다. 금지와 억압은 무엇을 하지 말라는 명령어다. 금지와 억압은 법과 질서를 통해서 사회적으로 확대되어 나타난다. 법과 질서는 금지와 억압을 제도화한 것이다. 금지와 억압을 제도화시킨 사회는 아버지의 다른 이름이다.

자유로운 인간 존재는 금지와 억압을 당하면 심리적 불편함을 느낀다. 상상 속에서 산과 들에서 자유롭게 놀고 있는 인간 존재를 법과 질서라는 제도적인 아버지가 사방이 막힌 방에 강제로 감금시킨 것이다. 자유로운 존재는 법과 질서라는 사회적 울타리에서 갇히면서 자연히 심리적으로 불안해질 수밖에 없다. 무의식이 탄생하는 순간이다.

무의식은 금지와 억압에 의해 탄생한다. 억압된 무의식은 불안 증세를 숨긴다. 무의식적 불안은 신경증으로 나타난다. 금지와 억압에 의해 생긴 무의식은 그 자체로 신경증 불안에 시달린다. 무의식에 갇힌 신경증 불안은 꿈, 말실수, 메스꺼움, 통증, 편두통, 현기증 등으로 회귀하여 나타난다. 무의식은 금지와 억압이 축적된 산물이며 그로 인해 파생된 것이 신경증 불안이다.

사회는 법과 제도 그리고 질서의 이름으로 금지와 억압이 존재하는 곳이다. 사회는 필연적으로 금지와 억압의 기반 위에서 성립된다. 금지와 억압을 대표하는 사회라는 아버지로 인해, 인간 존재는 무의식적 불안이 쌓여 탈출할 수 없는 신경증의 포로가 된다. 사회에 살고 있는 한, 인간은 신경증을 벗어날 수 없다. 단지 신경증에 대한 정도의 차이만 있다.

프로이트(Freud, 1955)는 『문명 속의 불만』이란 저서에서 문명은 본능의 만족을 포기함으로써 얻어진 것이고, 우리 사회는 광범위한 규제에 복종한 대가로 신경증 환자가 늘어난다고 하였다. 사회에 있다는 것은 질서라는 금지와 억압의 세계에서 있는 것을 의미한다. 사회의 모든 인간은 신경증 불안에 노출될 수밖에 없다.

사회의 성격에 따라 신경증 불안의 성격도 달라진다. 신경증 불안은 사회가 추구하는 금지와 억압의 문화적 성격에 달려있다. 같은 신경증이라도 금지와 억압에 대한 사회문화적인 성격에 따라 신경증 불안이 달라진다. 신경증과 사회문화는 불가피한 관계를 맺는다.

정신분석학에서 신경증이 전혀 없는 정상적인 사람은 존재하지 않는다. 외형적으로 무리 없는 일상생활을 하고 있어서 신경증이 없다고 착각한다. 대다수 일반인은 미약한 정도의 신경증을 가지고 살아간다. 사회 속에 있으면 신경증은 반드시 수반된다.

신경증은 다양하지만, 라캉(Lacan)은 강박증, 히스테리, 공포증으로 구분한다. 일반적으로 신경증은 강박증과 히스테리를 중요하게 여긴다. 금지와 억압의 사회에 있는 일반인은 자신도 모르는 사이에 강박증과 히스테리 신경증을 조금은 안고 산다. 부분 대상과의 관계에 따라 강박증과 히스테리를 동시에 가지기도 한다.

강박증과 히스테리는 정반대의 신경증 구조로 이루어진다. 강박증은 무의식적으로 과잉 자신감을, 히스테리는 과잉 열등감을 가지고 태어난다. 강박증자는 자신은 완벽한 존재이며 자신의 주인은 자신이기에 타인의 눈치를 보지 않는다. 단지 그는 자신에게 절대적인 영향을 준 사회라는 거대한 타자를 두려워한다.

강박증자는 자신을 완벽한 존재라고 여기지만, 기대와 달리 자신이 원하는 정도의 사회의 인정을 받지 못하면 심한 내적 불안감을 가진다. 그에게 사회 인정은 자신이 완벽한 존재라는 것을 증명하는 절실한 보증서다. 그는 의식적으로 사회의 기준에 맞추기 위해 끊임없이 노력한다. 그는 내면의 불안을 일으키는 사회라는 대타자를 의식적으로 집착한다. 그는 내면의 의식이 만든 사회적 불안에 집착하는 자신의 노예다. 그는 자신에게 잘 보이기 위해 자신에게 집착하는 존재다. 다음의 시 「강박 사슬」은 사회라는 대타자를 두려워하는 강박증자의 심리적 성향을 표현해 주고 있다.

강박 사슬

나는 태어나면서 잘난 인간이었다.
타인의 말을 귀 기울일 필요가 없다.
타인은 그저 열등한 존재일 뿐이다.
나는 잘난 나의 눈치만 보면 된다.

잘난 나는 행복해야 할 의무가 있다.
잘난 나는 명문대에 갈 의무가 있다.
잘난 나는 언제나 타인보다 앞서야 한다.
잘난 나는 우월한 마음의 사슬에 얽매여 산다.

잘난 내가 불행하고
잘난 내가 명문대에 가지 못하고
잘난 내가 타인보다 앞서지 못하면
잘난 나는 수치감으로 아버지에게 죄를 짓는다.
잘난 나는 스스로 나의 노예가 된다.

출처: 강창동(2016). 시간의 가장자리.

히스테리자는 자신이 결핍된 존재라는 것을 감추기 위해 선택받은 사회의 주인처럼 행동한다. 그는 끊임없이 타인의 눈치를 보며 타인을 의식한다. 그가 타인에게 집착하는 이유는 자신의 열등감을 극복하여 타인에게 주목받고 인정받는 사회적 존재가 되기 위해서다. 그에게 타인의 관심과 사랑 그리고 인정은 살아가는 존재 이유다.

히스테리자는 타인과의 관계에 대해 지나치게 신경을 쓴다. 그는 사회의 관심을 받기 위해 타인을 무시하고 혐오하며 타인을 조종한다. 그는 타인보다 비교 우위에 놓이기 위해 가혹한 경쟁을 서슴지 않는다. 그는 사회 인정을 위해 타인의 관심을 먹고 사는 존재다. 그의 모든 중심은 타인에게 있다. 그에게 타인은 신과 같은 존재다. 그는 타인이 없으면 살 수 없는 타인의 노예다. 그는 타인에게 잘 보이기 위해 타인이 많은 사회에 집착하는 존재다.

2. 타인의 사랑을 원하는 히스테리

히스테리자는 무의식의 깊은 곳에 숨어 있는 과잉 열등감을 방어하기 위해, 자신을 선택받은 특별한 존재라고 여긴다. 그는 사회의 주인으로 인정받기 위해 타인의 관심과 사랑을 끊임없이 갈구한다. 그에게 타인의 관심과 사랑 그리고 인정은 동일 선상의 개념이다. 그는 언제나 타인의 주목을 받아야 하며, 자신을 인정해 주는 타인에게 민감하게 반응한다. 그에게 타인은 신과 같으며, 자신은 타인의 노예가 된다. 그는 타인의 관심을 먹고 사는 존재다.

히스테리자는 타인의 관심과 사랑을 받아 사회의 주인으로 인정받기 위한 근원적 욕망을 가지고 있다. 그는 모든 사람의 주목과 사랑받는 사회적인 스타를 꿈꾼다. 그는 언제나 자신이 주목을 받아야 하는 선택받은 사람이라고 여긴다. 그는 자신을 사회적으로 선택받은 특별한 사람이며, 특별한 사람이란 것을 증명하기 위해 끊임없이 노력하며 그리고 특별한 사람처럼 행동한다.

히스테리자가 타인에게 관심이 많은 것은 결국 사회의 주인이 되기 위해서다. 그는 타인의 관심과 사랑 그리고 인정을 위해서라면 어떤 희생도 주저하지 않는다. 히스테리 행위는 일반인의 처지에서는 매우 과장되어 보이지만, 그의 입장에서는 타인의 관심을 받기 위한 절실한 사회적 표현이다. 히스테리 행위에 대한 관심은 히스테리 신경증을 이해하는 지름길이다. 히스테리 신경증을 더욱 깊게 이해하기 위해서는 히스테리 행위의 일반적인 특징을 살펴보아야 한다.

첫째, 히스테리자의 행위 중심에는 타인의 관심에 있다. 히스테리자는 타인에게 사랑과 인정받고 싶은 욕구가 강하다. 그는 연극적인 과장된 행위와 보여주기 현시욕과 사치스러운 모습을 통해 타인의 주목을 받으려고 한다. 그는 언제, 어디에서도 자신이 관심의 초점이 되지 못하면 심한 내적 불안감을 가진다. 히스테리는 자기중심적이고 이기적이며 감정적으로 극단적인 표현을 한다. 그는 타인의 사랑과 칭찬 욕구가 강하며, 자신의 외모에 대해 많은 신경을 쓴다. 그는 타인의 관심 여부에 대해 매우 민감하여 참견을 잘하며, 쉽게 울고 화를 잘 낸다. 그는 감정적이며 충동적이며, 무책임하며, 무계획적이며, 무질서하며, 비논리적이며, 퇴행적이며, 산만하고, 쉽게 상처를 받고 변덕스러운 행동을 자주 한다. 그는 타인의 관심을 받지 못한 심리적 불편함에 대해 꾀병이 아닌 실제의 신체적인 고통을 느낀다. 그가 신체적으로 아픈 것은 타인의 관심을 유지하기 위한 또 다른 숨은 전략이다. 그는 타인의 감정에 대한 배려심이 적으며, 아울러 죄의식이 낮다. 심지어 타인의 관심을 위해 지속해서 자신의 신체적 외모를 활용하기도 하며, 사회적으로 문란한 행위도 서슴지 않는다.

둘째, 히스테리자는 선택받은 사회의 주인처럼 행동한다. 그는 자기를 세상에 맞추는 것이 아니라, 세상이 자기에게 맞추길 원한다. 그는 자신의 특권의식으로 인해 클레오파트라의 높은 콧대처럼 거만한 행동을 한다. 그는 자신이 선택받은 주인공인데 타인이 자신보다 주목을 받으면 심한 질투심과 경쟁심을 느낀다. 그는 자신의 특별한 위치를 증명하기 위해 과시 욕구가 강하며 지나친 허세와 허영을 보이며 매우 사치스러운 모습을 한다. 그는 자신의 선택받은 위치를 확인하듯이 노골적으로 타인을 무시하고 혐오한다. 그는 감정이입을 통한 타인과의 동일시로 타인을 조종하고 통제하려고 한다. 그는 사회적 우위를 점유하기 위해서 타인과 끊임없이 비교·경쟁하면서 매우 공격적이며 적극적인 자세를 취한다. 그는 타인과의 비교 우위에 놓이기 위해 가혹한 경쟁을 서슴지 않는다. 그는 사회적 주인공이 되기 위해 상대방을 무시하고 뻔뻔하고 잔인하게 대해도 거기에 따른 죄책감을 느끼지 않는다. 그는 낮은 지위에도 불구하고 자신보다 못한 사람에게는 자신이 사회의 주인인 것처럼 거만한 과시적 행위를 하고 상대방을 무시하는 태도를 가진다. 그는 오로지 자신만이 사회의 주인으로 주목받아야 하므로, 자신을 위협하는 어떤 후계자도 키우지 않는다.

히스테리 행위는 매우 다양하게 표출된다. 위의 논의는 비교적 병적인 증후가 있는 히스테리를 중심으로 특징적으로 표현한 것이다. 히스테리는 병적인 사람만에게만 나타나는 것은 아니다. 보이지 않지만, 대다수 일반인도 히스테리 신경증을 조금은 안고 산다. 히스테리는 특별한 것이 아니라 일반인도 가지고 있다. 대다수 일반인은 가벼운 히스테리 신경증을 안고 살아간다. 언제나 타인을 의식하고, 끊임없이 경쟁하는 일상생활 속에 있는 일반인도 히스테리 신경증에서 벗어나기 어렵다. 끊임없이 타인을 의식하는 히스테리는 그 자체로 사회적 속성을 가지고 있다. 히스테리자는 근원적으로 사회적 성향을 가질 수밖에 없다. 히스테리는 사회적 병이라고 할 수 있다.

3. 사회의 인정을 갈망하는 히스테리

　정신분석학에서 인정 욕망은 인간의 근원적인 사회적 욕망이다. 인정 욕망은 심리적으로 인간을 움직이는 중추적 힘이며, 방향이다. 인간은 문화와 질서라는 금지의 억압 세계가 만든 사회적 존재다. 인간은 사회적으로 끊임없이 타인의 사랑과 관심 그리고 인정을 갈망한다. 인간 욕망의 본질은 문화와 질서라는 사회가 요구한 욕망이며, 인간은 서로에게 잘 보이기 위해 노력하는 존재다. 인간의 욕망은 수많은 타인으로 구성된 사회에서 잘 보이기 위한 인정 욕망이다. 인간은 인정받기 위해 타인을 의식하며 살아가는 사회적 존재다.

　헤겔(Hegel)의 「주인과 노예의 변증법」에서, 노예는 주인에게 인정받기 위해 노력하지만, 자유로운 존재인 주인도 노예에게 주인인 것을 인정받길 원한다. 주인과 노예는 상호 인정이 필요하다. 이 점을 사회적으로 확대 해석하면, 왕은 신하와 백성에게 잘 보이기 위해 그들의 인정을 끊임없이 요구한다. 기업 회장도 가깝게는 직원들, 가족, 친구, 나아가 피상적인 일반인에게도 신뢰를 받고 인정받으려고 한다. 규모와 관계없이 관리자들은 주변인들의 인정과 신뢰를 위해 지속해서 아랫사람을 의식한다. 인간은 자신의 지위에 따라 인정 범위의 대상이 달라지지만, 본질적으로 타인을 의식하며 살아가는 사회적 존재다.

　타인을 전제로 한 인정 욕망의 개념에서 알 수 있듯이, 인간은 타인의 눈치를 보는 숙명적인 존재다. 인간은 근원적으로 타인에게

나는 타인의 얼굴: 관계가 만든 '나'

인간은 태어나면서 만난 부모 관계와 살면서 맺어진 사회관계 그리고 피할 수 없는 자연 환경에 따라서 자신이 만들어지고 탄생한다. '나'라는 자아는 내가 만든 것이 아니라 관계가 만든 작품이다. 나는 없고 관계만 존재한다. 같은 사람이라도 태어난 시공간의 위치에 따라 다른 자아를 가진다. '나'라는 자아가 있다고 믿는 것은 관계가 만든 착각이다.

관계가 만든 자아에는 본질적인 나가 없기 때문에 근원적으로 외로울 수밖에 없다. 인간은 자신이란 자아가 존재하지 않는 외로움을 메우려고 새로운 관계를 찾고 방황한다. 인간은 존재하지 않는 자아를 충족시키기 위해 욕망이란 이름으로 끊임없이 관계의 주변을 맴돈다. 인간은 관계를 쫓는 존재다. 인간은 관계의 사슬에서 벗어날 수 없는 초라한 존재다. 인간의 무의식적 상처와 분노도 관계에 의해 만들어지고 치유도 새로운 관계에 의존한다.

불교에서 '나'는 자성(自性)이 없다고 궁극적인 표현을 한다. 나라는 존재는 인간, 사회, 자연 그리고 우주와 맺는 관계에 따라 달라진다. 불교는 관계를 인연(因緣)이라고 한다. '나'는 인연이 모여 만든 존재라는 것이다. 나를 만들었다는 관계와 인연은 환상에 불과하다. 관계와 인연이 만든 '나'란 존재도 환상이며, 나의 분노와 상처도 관계와 인연이 만든 환상에 지나지 않는다.

인정받고 싶어 하는 존재다. 인간은 타인에게 의존하여 살아가는 안타까운 존재다. 인간은 타인에 의해 만들어진 존재다. 사회에서 타인은 나의 얼굴이며, 나의 얼굴은 타인에 의해 만들어진다. 인간은 서로의 사회적 얼굴이며, 서로에게 잘 보이기 위한 인정 욕망의 강한 사회 굴레를 벗어나지 못하는 슬픈 존재다.

인간은 근원적으로 외로운 존재여서 심리적 충족감을 타인의 관심과 사랑 그리고 인정을 통해 충족하려고 한다. 인간은 심리적 충족감을 만족시키기 위해 대타자의 인정 욕망을 끊임없이 추구한다. 일상생활에서도 예외가 아니다. 우리가 멋진 옷을 입거나, 명품을 가지고 자신을 표현하는 것은 나를 위한 것이라고 착각한다. 멋진 옷과 명품은 타인에게 보여주기 위한 것이지, 나를 위한 것은 아니다. 보여줄 타인이 있기 때문에 멋진 옷과 명품에 부담스러운 비용을 지급한다. 멋진 옷과 명품에 대한 집착은 보여줄 사회적 타인이 있기 때문에 생긴 것이다.

만일 우리가 보여줄 타인이 전혀 없는 무인도에 있거나, 집에만 있으면 멋진 옷과 명품을 가질 필요가 없다. 인간은 타인에게 보여주기 위해 살아가는 존재다. 인간은 타인의 시선을 끊임없이 의식하는 존재라는 것이다. 인간은 타인이 자신을 언제나 주시하고 있다고 생각한다. 아침 출근을 위해서 근사한 복장에 신경을 쓰는 것은 자신을 주시하는 타인에게 보여주기 위해서다. 이를 조명 효과(Sportlight effect)라고 한다. 명품 옷을 입으면 타인이 자신을 보고 있다고 믿지만, 사실과 달리 타인은 별로 관심이 없다. 조명효과는 관심받고 싶어하는 인간이 타인의 시선에 집착하여 만들어진 내면의 착각이다.

그러면 매우 높은 가격에도 불구하고 타인에게 보여주기 위해, 멋진 옷과 명품을 구매하는 심리적 이유는 무엇인가. 보여줄 타인이 있는 명품의 사회적 가치는 곧 자신의 가치라는 환상을 갖게 한다. 자신의 몸에 부착된 명품의 가치가 자신의 가치, 즉 타인들이 자신을 특별한 가치를 가진 사람으로 인정할 것이라는 심리적 착각에서 비롯된 것이다. 자신의 내면적 상상이 만든 허구의 만족에 지나지 않는다.

멋진 옷과 명품은 사회의 계급 차이를 반영하고 있기 때문에, 자신이 거기에 적합한 사회 가치를 가진 존재라는 환상을 가지게 한다. 이렇게 보면 인간은 자신의 내면이 만든 사회적 환상을 먹고 사는 존재다. 명품뿐만 아니라 사회적 지위와 명예, 일류대학교, 고급아파트, 고급자동차 등의 이면에는 타인의 관심과 사랑을 받기 위한, 타인에게 보여주기 위한 사회적 인정 욕망이 작동한 것에 불과하다.

마르크스(Marx)는 『자본론』에서 상품은 단순한 기호가 아니라 신비한 힘으로 가득 찬 사회적 상형문자며, 그 이면에는 사물들 사이의 환상적 관계형식에 지나지 않는 가상세계가 숨어 있다고 한다(김상환, 2002: 171). 명품의 사회적 가치는 인간이 만든 환상에 지나지 않다는 것이다.

뇌의 환영이 만들어낸 가상의 힘은 명품이 암묵적으로 사회적 차이를 발생시키는 계급적 가치를 지니게 한다. 명품이 계급의 차이를 발생시킨다는 내면의 환상은 타인의 관심을 받게 한다는 히스테리 믿음을 가지게 한다.

보드리야르(Baudrillard)는 명품은 나와 너의 사회적 차이를 발생시키는 계급적 구별 짓기를 통해 단순한 교환가치를 넘어서 강력한 기호가치를 지녔다고 한다. 특정 장소에서 비싼 커피를 마시거나 명품을 걸치는 것은 암묵적으로 신분적 차별 위세를 과시하기 위한 것으로, 타자의 승인이라는 자기 환상의 심리적 착각이 빚어낸 것에 불과하다.

명품은 계급 관계의 환상이 만들어낸 상품이다. 명품을 걸치면 타인이 날 주시하며, 특별한 사람이 된 것 같은 환상을 가지게 한다. 히스테리자는 사회적 환상을 먹고 사는 존재다. 다음의 시 「타인의 시선」과 「타인의 비석」은 타인이 자신을 보고 있다는 내면의 착각과 사회의 주인이 되고 싶어, 타인에게 집착하는 히스테리 성향을 표현하고 있다.

타인의 시선

타인은 가방을 좋아합니다.
타인은 가방 든 사람에게 친절합니다.

타인은 매의 눈을 가졌습니다.
멀리서도 가방 색깔을 구분합니다.

타인은 몰래 신이 되어,
가방 든 사람을 지켜보기도 합니다.

타인이 없으면 가방 든 사람은
자신이 타인이 됩니다.

가방 든 사람은 타인을 위해
오늘도 자신을 길들입니다.

출처: 강창동(2016). 시간의 가장자리.

타인의 비석

보석으로 가린 사람은
타인의 관심을 그리워합니다.

완장으로 가린 사람은
타인의 인정를 그리워합니다.

무대로 가린 사람은
타인의 사랑을 그리워합니다.

타인이 없으면 살 수 없는 사람은
죽어서도 타인을 위한 비석을 세웁니다.

출처: 강창동(2016). 시간의 가장자리.

　　신경증은 사회 질서의 금지라는 억압으로 생긴 무의식에 의해 초래된다. 무의식은 사회라는 대타자의 금지에 의해 탄생한다. 인간은 어린 시절에 무한 자유의 절대 향락을 느끼다가, 금지와 억압을 상징하는 질서라는 현실 세계에 진입한다. 인간은 현실 세계를 지배하는 사실상의 주인인 사회라는 대타자에게 잘 보이기 위해 끊임없이 노력한다. 인간의 욕망은 사회라는 대타자의 관심과 사랑 그리고 인정을 추구한다. 신경증의 깊은 무의식에는 대타자의 인정 욕망이 강하게 뿌리내리고 있다.

　사회의 억압 구조에서 형성된 신경증은 타인의 관심에 집착하는 사회의 인정 욕망과 불가분의 관계를 맺고 있다. 강박증과 히스테리는 타인을 지나치게 의식하는 데서 시작한다. 강박증과 히스테리는 단지 타인의 눈치를 보는 방식이 다를 뿐이다. 과잉 자신감을 가진 강박증은 의식적으로, 과잉 열등감을 가진 히스테리는 감정적으로 타인의 눈치를 본다.

　과잉 자신감을 가진 강박증자는 사회라는 대타자를 끊임없이 의식하고 두려워한다. 그는 무의식 깊은 곳에서 자신을 특별한 존재라고 여기지만, 사회가 원하는 성과를 내지 못하면 깊은 좌절감에 빠지게 되어 그로 인해 불안감이 높아지면서 강박 사고와 강박 행위를 한다. 그는 자신의 자신감을 현실 세계에서 구현하여 타인들의 사랑과 관심 그리고 인정을 독차지하고 싶지만, 그렇지 못한 경우는 자존감을 잃어버리고 내면에 깊은 불안감이 쌓인다. 그도 사회의 인정 욕망을 추구하는 존재다.

　과잉 열등감을 가진 히스테리자는 타인에 의해 살고 죽는다. 그에게 타인은 거의 신과 같다. 그는 타인의 인정을 직접 갈구하는 존재다. 그는 자신을 사회의 주인공인 선택받은 사람으로 인식하며, 지나친 보여주기 행동을 한다. 그는 사회의 인정 욕망을 노골적으로 표현한다. 그는 과시 행위를 통해 자신이 사회의 인정 욕망을 구현한 것처럼 위장한다. 그는 무의식의 깊은 곳에 숨어 있는 과잉 열등감을 극복하기 위해, 타인의 관심과 사랑 그리고 인정을 받기 위해 끊임없이 노력한다.

　인간은 사회라는 금지와 억압의 세계 속에 살고 있기 때문에 불가피하게 신경증인 강박증과 히스테리 속성을 안고 살 수밖에 없다. 단지 정도의 차이만 있을 뿐이다. 강박증과 히스테리의 병적 증후는 눈에 띄게 현격한 행위의 차이를 내지만, 일반인의 경우에는 가벼운 증상을 가지고 있어서 쉽게 알 수가 없다. 개인에 따라 어떤 부분에는 자신감을 느끼고 있지만, 어떤 부분에서는 열등감을 느낀다. 한 개인에게도 부분 대상에 따라 강박증과 히스테리가 공존하며, 사회문화의 성격에 따라 그 증상의 성격이 달라진다.

한국 사회는 학력(學歷)에 과도하게 집착하는 히스테리 증후를 보인다. 히스테리의 세부 속성은 그 사회의 역사, 정치, 경제, 사회, 문화 등의 성격에 따라서 구성된다. 그러나 비슷한 사회문화에서도 히스테리는 개인의 살아온 배경에 따라 심리적 표현 방식에서 차이가 난다. 동일한 사회의 억압 구조에서 비슷한 경험을 해도 개인이 위치한 억압의 질과 배경이 다르기 때문이다.

개인에 따라 차이가 있지만, 타인에게 잘 보이기 위한 노력은 필연적으로 히스테리를 수반한다. 타인과 함께 산다는 것은 타인을 의식해야 하고, 타인과 경쟁하며 산다는 것을 의미한다. 히스테리는 사회의 주인인 척하지만, 언제나 타인을 의식하며 살아가는 나약한 타인의 노예에 불과하다. 히스테리는 자신이 타인의 노예인지 모르고 사회의 주인이라고 착각하며 산다.

인간은 타인의 굴레에서 벗어날 수 없는 사회적 존재다. 인간은 타인의 관심을 받기 위해 노력하는 애처로운 존재다. 정도의 차이가 있지만, 타인과 함께 살아가는 인간은 히스테리 신경증을 피하기 어려운 구조적인 측면이 있다. 히스테리자는 설령 세상을 모두 가지고 있어도, 내면에는 타인을 의식하고 살아야만 하는 열등감을 가지고 있다. 단지 살아온 배경에 의해 사회적으로 표현되는 열등감의 성격이 다를 뿐이다.

히스테리 신경증은 타인을 의식하면서 생긴 사회의 병이다. 인간은 타인의 관심과 사랑 그리고 인정을 과도하게 집착하지 말아야 한다. 타인을 너무 의식하면 인정 욕망을 넘어서 인정 중독이 되어, 헤어나기 어려운 깊은 히스테리에 빠지게 된다. 사회의 인정 중독은 타인을 과도하게 의식하고 집착하는 '타인 중독'이라고 할 수 있다.

히스테리라는 마음의 깊은 병을 고치기 위해서는 타인을 의식하지 않고 타인의 평가에 대해 무관심해야 한다. 지위, 권력, 부, 명예 등과 같은 사회적 인정 욕망에 대한 세속적인 집착을 버려야 한다. 히스테리라는 사회의 병은 타인에게서 시작된다. 타인에 대한 지나친 관심은 마음의 독을 쌓는 지름길이다. 할 수만 있다면 마음속에 타인을 두지 말아야 한다.

부록

신경증과 히스테리의 발생과 구조

부록

×

신경증과 히스테리의 발생과 구조

1. 신경증의 심리적 기원

가. 상상이 만든 자아의 탄생

라캉(Lacan)의 후기 정신분석학에서 아기는 태어나면서 첫 6개월 동안 자신의 몸이 파편처럼 조각나 있으며, 각 기관은 독립적으로 움직인다고 느낀다. 조각난 몸을 가진 아기는 정서적으로 매우 불안정한 상태로 인해 원초적 공격성을 가지게 된다. 아기의 상상적 본능에 의해 생긴 허구의 공격성은 무의식에 깊게 각인되어, 평생 미움, 질투, 증오, 분노, 경쟁 등과 같은 사회적 감정의 원천으로 작용한다.

조각나고 파편화된 자신의 불안정한 몸에 대해 불편함을 느낀 아기는 6개월에서 18개월 사이에 최초로 나(자아)라는 것을 인식한다. 이 시기를 거울 단계라고 한다. 이 시기의 아기는 거울에 비친 모습을 보는 것처럼 자신의 몸이 파편처럼 분리된 것이 아니라, 처음으로 하나의 통일체를 이루어졌다는 것에 대해 매우 기뻐하며 안정감을 느낀다.

이 시기의 아기는 처음 본 상대방을 마음속에서 거울 모습처럼 자신과 닮았다고 상상한다. 아기는 거울에 비친 통일된 하나의 모습을 자기(나)라고 인식한다. 거울 이미지와 같이 아기는 자기와 닮은 사람을 '나'라고 맹목적으로 허구적인 착각을 한다. 자신의 신체와 닮은 이미지를 자기라고 인식하는 것은 아기의 상상이 만든 오인에서 비롯된 것이다.

이때의 나(자아)는 진짜의 내가 아니라, 아기의 상상이 만들어 낸 가짜의 나에 불과하다. 비록 타자의 모습이 만들어낸 가짜의 나이지만 아기는 진짜의 나(자아)처럼 실재의 나라고 느낀다. 거울 모습의 상상적 나는 허구인 듯 허구가 아니며, 실재인 듯 실재가 아닌 역설적인 자아다.

이 시기의 아기는 '나와 너'라는 닮은 이미지의 이자적(二者的)인 두 사람의 관계에 의해 만들어진다. 이자적 관계의 닮은 사람을 소타자(other, 小他者)라고 한다. 소타자는 이자적 관계를 구성하는 상상과 환상의 근원지인 상상계(the imaginary order)에서 나타난다. 소타자는 심리 구성의 첫 단계라고 일컫는 자기애의 기원인 나르시시즘의 타자를 의미하며, 아기에게 자기와 닮았다고 착각하게 만드는 타자다.

이 시기의 아기는 자기와 차이나는 다른 이미지(소타자)를 자기와 유사하거나 동일한 이미지로 상상한다. 그래서 아기는 자기와 닮은 아기(소타자)가 울면, 자기라고 착각하여 마주한 아기(소타자)를 바라보면서 따라 울기도 한다. 이렇게 허구로 구성된 통일체의 나 (자아)는 소타자라는 상상 속의 닮은 이미지에 의해 빚어진 가짜에 불과하다. 진정한 나는 처음부터 존재하지 않았다. 나는 외부 시선인 타자에 의해 만들어진 존재다. 타자가 곧 나라는 것이다. 인간은 처음부터 타자에 의해 만들어진, 존재 결핍된 숙명적 불편함을 안고 살아간다.

아기는 상상 속의 거울 이미지에서 육체적으로 닮은 사람의 이미지로 전환하여 나라는 자아를 구성한다. 일반적으로 최초로 닮은 사람이라고 착각하는 대표적인 대상은 비교적 아기와 오랫동안 함께 있는 어머니다. 아기는 어머니의 품 안에서 혼연일체의 무한한 행복과 절대적인 평안을 느낀다.

아기의 절대적인 평안은 아기에게 자신이 어머니와 한 몸이라는 상상적인 착각을 하게 한다. 아기는 어머니와 동일체라는 근친상간의 환상에 의해 만들어진 허구의 세계에서 완전한 사랑과 순수한 충만함으로 가득 찬 절대 쾌락인 상상적 향락(jouissance)을 느낀다.

나. 빈 구멍을 그리워하는 욕망

아기는 상상이 만든 허구 세계에서 어머니와 동일체라는 근친상간을 통해 절대 자유와 행복이 가득한 향락의 세계에서 존재의 충만함을 느낀다. 아기의 상상에 의해 만들어진 무한 자유와 행복이 존재하는 근친상간의 허구적 향락은 아버지라는 현실 세계에 진입하면서 거세(castration)라는 최초의 질서인 금지를 만나게 된다.

어머니와 혼연일체가 된 근친상간의 절대 향락은 아버지의 금지 때문에 사라지지만, 무의식 속에 향락의 강한 이미지인 여운을 남긴다. 이때의 어머니는 실재계(the real order)의 큰사물이며, 향락의 근원지다. 어머니가 주는 무한 자유와 쾌락이 넘치는 근친상간의 향락은 아버지의 거세(=금지)로 완전히 사라지지만, 무의식 속에는 문자로 표현 불가능하고 실체가 없는 이미지로서 향락의 강한 여운이 각인된다. 절대 행복을 주는 이미지로서 향락의 강한 여운은 심리 체계 안에서 맴돌면서 욕망을 끊임없이 자극한다. 이렇게 이미지로서 무의식에 깊게 각인된 향락의 강한 여운을 잉여향락(surplus-jouissance)이라고 하며, 다른 이름으로 대상 a(object a)라고 부른다.

대상 a는 상상적 효과에 의해 실재계에서 파생된 향락의 그림자라서, 현실계의 상징과 언어로 표현하는 것 자체가 불가능하다. 상상에 의해 만들어진 허구적 대상인 잉여향락인 대상 a는 실질적인 실체는 없지만, 인간의 심리 구성에 직접 작동한다는 점에서, 없다고 할 수 없는 역설적 존재다. 인간 주체는 무의식 속에서 상상이 만든 가짜인 대상 a를 현실의 진짜로 착각한다는 것이다.

잉여 향락인 대상 a는 상상적 동일시에 형성된 과잉 절정(오르가슴)으로서 일정한 한계를 넘어선 고통스러운 쾌락이다. 대상 a는 무한 자유와 절대 쾌락 그리고 존재를 보증하는 결점 없는 충만감이 가득한 세계의 흔적이다.

잉여 향락인 대상 a는 심리적인 내적 긴장을 끊임없이 자극하며 욕망의 근원적 원인으로 작동한다. 금지 없는 쾌락의 세계인 대상 a는 욕망의 원천이다. 대상 a는 욕망 그 자체라고 할 수 있다.

상상계, 상징계, 실재계

라캉은 상상계, 상징계, 실재계라는 세 개의 심리적 위상을 제시한다.

상상계는 이미지에 의해 매개된 대상 세계를 일컫는다. 상상계는 환상으로 구성된 기만의 세계지만, 마음의 실재처럼 직접적인 영향을 미친다.

상징계는 언어와 상징으로 구성된 현실계를 일컫는다. 상징계는 실재의 사물을 완전한 모습을 드러내지 못하는 부재의 세계다. 언어의 홍길동은 사물로서의 진짜 홍길동을 완전하게 표현할 수는 없다.

실재계는 칸트(Kant)의 물자체로 특정 사물 그 자체를 말한다. 사물로서의 실재계는 상상과 언어와 상징 기표로 완전한 실체를 접근할 수 없는 불가능의 세계다. 무한한 언어와 상징을 동원하여도 나무라는 실체를 완전히 밝히는 것은 불가능하다. 나무의 실체는 분자, 원자, 양성자 등의 무한한 속성을 가지고 있기 때문이다. 무한한 속성을 가진 사물로서의 실재는 무한한 의미를 가지게 된다.

사물로서의 실재는 무한한 의미를 가지고 있어서, 기표(기호의 표상)는 완전한 기의(기호의 의미)에 도달할 수 없게 된다. 단지 상상에 의해 임시적인 의미의 고정점을 두어 기의의 일부분을 강제로 규정한 기표만 존재한다. 실재계는 상상계와 상징계의 기반이 되는 무한의 세계다.

대상 a를 추구하는 욕망 역시 아기의 상상적 오인에서 비롯된 허구의 산물이다. 역설적으로 대상 a는 금지(=질서, 제도)의 세계인 현실계에 진입하면서 나타난다. 금지로 인해 결핍된 욕망은 무한 자유와 절대 쾌락이 충만한 대상 a를 그리워한다. 결핍의 욕망은 무한 자유와 절대 쾌락 그리고 충만함으로 가득 찬 잉여 향락의 완벽한 세계를 보여주는 대상 a가 되기 위해 끊임없이 노력한다.

욕망은 단지 대상 a를 충족시키기 위해 작동한다. 욕망은 대상 a를 만족시킬 수 있는 대상인 짝을 찾아다니는 환유적인 운동을 한다. 욕망은 상징계에서 대상 a를 위로해줄 짝을 찾아 끊임없이 부유한다. 욕망은 대상 a를 채우기 위해 상징계의 대상들과 끊임없이 짝짓기를 시도한다.

욕망은 상징계의 짝짓기 대상인 지위, 권력, 부, 명성, 고급주택, 고성능 수입차, 자가용 비행기, 일류대학 등을 얻기 위해 노력한다. 상징계의 대상들은 결코 욕망을 충족시키지 못한다. 욕망의 원천인 대상 a를 영원히 충족시킬 수 있는 상징계의 대상(짝)은 존재하지 않는다. 대상 a는 어머니와 근친상간의 동일체를 통해 이루어진 상상적인 허구에 의해 만들어진 이미지로서의 빈 구멍이기 때문이다.

욕망의 원인인 대상 a는 절대로 채워지지 않는 허구의 구멍이다. 대상 a는 상상으로 만들어진 빈 구멍이어서 구조적으로 현실적인 짝짓기 대상으로만 완전히 충족시키는 것은 불가능하다. 상상계에서 만들어진 대상 a는 상징계의 대상으로 절대로 채울 수 없는 영원히 배고픈 욕망의 블랙홀이다.

그런데도 인간은 금지가 없는 절대 자유와 행복 그리고 존재의 충만함이 넘치는 대상 a라는 빈 구멍인 욕망의 원인을 충족시키기 위해 마지막 숨을 멈추는 순간까지 불가능한 노력을 한다.

욕망은 정상에서 안착하지 못하는 시지포스의 구르는 바위와 같다. 욕망은 독수리에 끊임없이 쪼여도 영원히 재생되는 프로메테우스의 고통스러운 간과 같다. 욕망에 과도하게 집착하는 인간은 밀랍으로 만들어진 이카로스의 날개처럼 욕망의 태양에 녹을 수 있다. 욕망이 있으면 고통스럽지만, 실질적인 삶의 원동력이 되는 욕망이 없으면 살 수가 없다. 욕망은 인간 존재의 역설적 악순환이다.

결국 인간은 욕망이라는 빈 곳이 만든 환상이란 가시에 찔려 고통스럽고 아프게 사는 존재다. 불교의 사성제(四聖諦)에서 인생을 고해 바다로 비유하고 있다. 사성제는 욕망이 만든 환상의 속박에서 벗어나지 못하는 인간의 실존적 고통을 보여주고 있다. 다음 시 「바람의 가시 1」은 욕망이란 환상의 가시에 찔린 인간의 마음을 그린 것이다. 바람은 마음의 은유다. 바람이 바람에 찔러 고통스러워하듯, 마음이 만든 환상의 가시에 찔린 마음의 아픔을 표현한 것이다. 우리의 고통의 근원에는 욕망이 만든 환상이 있다.

바람의 가시 1

바람은
무엇이 그리 서러운지
목놓아 웁니다.

바람은
무엇이 그리 아픈지
목놓아 소리칩니다.

바람은 가시에
찔려 있습니다.
가시는
창끝이 되어 바람을 헤집니다.

바람은 가시가 되어
바람을 아프게 합니다.

출처: 강창동(2016). 시간의 가장자리.

다. 아버지가 두려운 신경증

1) 불만이 가득한 신경증

신경증은 절대 자유와 충만함이 넘치는 욕망의 근원적 원인인 대상 a를 그리워하는 데서 시작한다. 신경증은 금지의 세계인 아버지라는 대타자(Other, 大他者)의 억압 세계에 진입하여, 무의식과 욕망이 생기면서 나타난다. 소타자는 순전히 아기의 내적 상상 때문에 만들어진 타자라면, 대타자는 아기의 밖에서 아기에게 명령(=금지)을 하는 타자다.

소타자는 나와 너의 이자적 관계로 허구에 의해 구성된 상상계의 타자지만, 대타자는 나와 너 그리고 제삼자로 구성되어 아기의 심리적 구성에 현실적으로 직접적인 영향을 미치는 현실계인 상징계의 타자를 말한다. 대타자는 제삼자의 존재를 인정하는 현실 세계를 의미한다. 상상계에서는 소타자의 닮은 이미지로 인해 허구적인 자아가 구성되지만, 상징계에서는 금지를 담당하는 대타자의 억압으로 인해 욕망을 가진 무의식적 주체가 탄생한다.

현실 세계는 기호 형식과 사물 간의 외형적 차이를 표시하는 상징어인 기표로 가득한 상징계(the symbolic order)로 이루어져 있다. 상징계는 아버지의 명령인 법과 질서가 존재하는 금지의 현실 세계다. 상징계의 대타자는 인간 주체에게 절대적인 영향력을 미치고 중요한 의미를 가진 타자를 뜻한다. 구체적으로 어머니와 아버지 그리고 신이나 전능한 인물(상상적 인물도 포함) 나아가 사회 체계도 포함된다. 대타자는 사회적으로 알려진 '나'라는 주체를 만드는 데 결정적 영향을 준 타자를 의미한다. 여기서 대타자는 금지를 가능하게 하여 상징계의 현실 세계에 진입시킨 아버지 혹은 사회를 주로 가리킨다.

인간 주체는 자신을 만든 상징계의 대타자를 끊임없이 의식할 수밖에 없다. 인간 주체에게 대타자인 아버지의 이름은 전지전능한 존재다. 상상계에서 어머니와 근친상간이라는 상상적 동일시로 인한 절대 자유와 무한 향락에 놓여 있는 자아에 대해, 상징계의 대타자인 아버지(혹은 사회)는 법과 질서를 가능케 한 원초적 금지를 명령했기 때문이다.

대타자인 아버지(혹은 사회)는 전지전능한 존재라서, 아기는 아버지의 강력한 금지 명령 때문에 어머니와 상상적 동일시에 따른 무한 자유와 행복을 포기하게 된다. 대타자는 상상적 허구의 빈 구멍인 근친상간의 잉여 향락을 억압하여 아기의 무의식 깊

라캉의 세 아버지

라캉의 아버지 개념은 미묘한 면이 있지만, 일반적인 이해의 좌표를 위해 상상적 아버지, 상징적 아버지, 실제적 아버지라는 기본 개념을 알아야 한다.

상상적 아버지는 아기의 환상 속의 이미지에 의해 창조된 아버지, 즉 아기가 주관적으로 상상한 이미지들의 총체다. 상상적 아버지는 오이디푸스 콤플렉스에서 거의 신의 형상을 한 이상적 아버지인 동시에 아이를 거세하는 박탈의 아버지로 나타난다. 상상적 아버지는 오이디푸스 삼각 구도에서 엄마와 아기의 이자 관계를 깨뜨려 어머니를 차지하려는 아이의 경쟁 대상이며, 온갖 금지를 명령하고 이끌어가는 전능에 가까운 상상적 존재이다.

상징적 아버지는 엄마와의 주이상스 관계를 금지하여, 아기를 현실계인 상징 질서에 진입하도록 하는 제3의 존재(자리, 기능)이다. 상징적 아버지는 어머니의 욕망을 독차지한 현실의 아버지며, 어머니와 아이를 분리하는 아버지다. 상징적 아버지는 사회의 순수한 기표로 존재하는 금지의 아버지다. 상징적 아버지는 현실계의 금지와 법을 대표하는 대타자를 지칭한다.

실제적 아버지는 아기의 역사에서 우연히 존재하지만, 아기에게 남성의 위치와 역할을 간접적으로 배우게 하는 현실의 생물학적 아버지 혹은 그 대리자를 의미한다.

은 곳에 숨겨버린다. 무의식 속에 숨은 잉여향락은 대상 a가 되어 모든 욕망의 원인으로 작동한다.

그래서 인간은 절대 자유와 쾌락 그리고 충만함이 넘치는 대상 a라는 욕망의 원인을 충족시키기 위해, 차선책으로 대타자(아버지 혹은 사회)가 좋아하고 원하는 상징계의 대상(짝)을 끊임없이 찾아다닌다. 인간은 평생 대타자가 허용한 금지(법, 질서, 도덕, 가치 등)의 경계선 안에서 대상 a(욕망)를 충족시킬 수 있는 상징계의 대상을 추구한다. 물론 상징계의 대타자를 넘어서는 자유스러운 주이상스적 충동의 주체가 존재하지만 이는 특별한 경우다. 대다수 인간은 상징계의 대타자에 갇힌 욕망의 주체에 불과하다.

결국, 인간은 욕망을 충족시키기 위해 대타자가 원하는 사회가치를 구현해야 한다. 인간은 대타자(아버지, 어머니, 사회 등)가 원하는 것을 실현하면, 자신의 욕망인 대상 a를 충족시킬 수 있다고 생각한다. 인간의 욕망도 순수한 자신의 본질적 욕망이 아니라, 대타자가 요구한 사회적 욕망이다. 인간의 욕망은 자신의 욕망인 것처럼 가면을 쓰고 있지만, 실제는 대타자의 욕망이다. 나의 욕망이 아니라 대타자가 만들어 준 사회적 욕망이라는 것이다.

2) 사회에 갇힌 신경증

인간의 욕망은 순수한 주체인 나의 욕망이 아니라 대타자(아버지, 어머니 혹은 사회관계)인 사회의 욕망이다. 인간 주체는 대타자에게 사회적 위치를 부여받는다. 인간은 자신의 위치를 규정하는 대타자들 속에서 얽히면서 사회관계의 구조적 주체가 된다. 인간은 자신이 위치한 사회관계의 주체로서 형성된다. 인간은 상상적 나인 자아적 존재에서 대타자가 부여한 이름뿐인 기표적 존재로서 상징적 나인 사회적 나로 태어난다. 인간은 대타자의 사회 관계망 속에서 형성된 사회적 존재라는 것이다.

대타자에 따라 사회 관계망이 다르듯이 각각의 대타자의 사회 관계 형식은 다르게 나타난다. 한국의 사회관계 형식은 공간적으로 미국과 유럽 그리고 아프리카와 다르고 시간적으로 고려와 조선 시대 그리고 현대 사회와 매우 다르다. 인간은 각 사회의 관계 형식에 의해 구조적 위치를 부여받는다.

인간은 주체의 욕망과 대타자의 성격에 따라 욕망의 원인인 대상 a가 다르며, 추구하는 사회적 가치도 달라진다. 대타자의 욕망이 사회관계 형식에 따라 달라지면 인간이 추구하는 욕망의 성격도 달라지게 마련이다.

인간의 사회적 마음

인간의 마음도 순수한 나 자신의 마음이 아니라, 대타자에 의해 만들어진 사회적 마음이다. 나라는 주체는 무한한 시공간의 무대에서 생긴 무한한 대타자에 의해 만들어진다. 어떤 시공간의 사회(환경) 무대에서 태어났느냐에 따라, 나라는 주체가 달라진다. 인간의 마음속에는 무한한 시공간의 무대에서 생긴 무한한 대타자로 인해, 무한한 나가 존재한다. 그래서 인간의 마음 양상은 무한한 시공간 무대의 관계라는 인연에 의해 만들어진 것에 불과하다. 인간의 마음 양상은 주체가 놓인 시공간의 무대 위치에 따라 달라진다. 인간 마음의 터 위에서 생성 소멸하는 인간 주체·자아는 무한한 양상을 갖게 된다. 인간의 마음 양상은 순수한 고정된 실체인 자성이 없어서 불교에서는 무아(無我)라고 부른다.

인간 주체는 자신의 욕망인 대상 a를 충족시키기 위해 대타자(혹은 사회)가 요구하는 욕망을 추구한다. 인간 주체는 대타자에게 잘 보이기 위해 끊임없이 노력한다. 결국, 인간의 욕망은 대타자의 인정을 추구하는 사회적 욕망이다.

인간 주체는 대타자의 관심을 받기 위해, 사랑을 받기 위해,

인정을 받기 위해 살아가는 가련한 존재다. 인간은 대타자에게 끊임없이 잘 보이기 위해, 언제나 대타자의 눈치를 보고 살아가는 애처로운 운명의 굴레 속에 있다.

호네트(Honneth, 1992)에 의하면 사회적 불인정인 무시와 모욕은 분노의 원인이 되어 사회투쟁으로 이어진다고 한다. 사회투쟁의 핵심은 인정 투쟁이라는 것이다. 인간은 대타자인 사회적 인정을 받기 위해 사회 투쟁을 할 만큼 끊임없이 노력한다. 인간의 욕망은 대타자의 사회적 인정 욕망이다. 그래서 인간은 자신의 자유로운 욕망인 대상 a를 끊임없이 그리워한다.

대타자는 엄격한 금지를 통해 대상 a의 절대 쾌락과 무한 자유를 억압한다. 대타자라는 금지의 억압 세계에서 살아가는 인간은 언제나 심리적 불편함을 느끼는 신경증을 수반한다. 대타자가 있는 곳에 금지가 있으며, 금지가 있는 곳에 억압이 있으며, 억압이 있는 곳에 신경증이 뒤따르게 마련이다.

문화와 문명 그리고 사회는 법, 질서, 가치, 관습, 규범, 도덕이라는 핑계로 인간 행동의 경계선을 설정하여 대상 a의 무한 자유를 제한하는 무의식적 금지의 억압을 전제하고 있다. 상징계의 대타자가 존재하는 현실 세계는 억압이 존재하는 신경증 사회라고 할 수 있다.

프로이트(Freud, 1955)는 『문명 속의 불만』이란 저서에서 문명은 본능의 만족을 포기함으로써 얻어진 것이고 문명 세계에 들어오는 모든 사람에게는 그것을 포기하도록 요구한다고 하였다. 우리 사회의 광범위한 규제에 복종하는 대가로 신경병 환자가 늘어난다면 사회는 희생을 치른 만큼 이익을 얻었다고 할 수 없다고 하였다.

문화와 문명 그리고 사회 속에 있는 인간은 불가피하게 금지의 억압 세계에서 살아야만 한다. 인간의 신경증은 필연적이며 불가항력적이다. 단지 정도의 차이만 있을 뿐이다. 그래서 정신분석학에서 신경증을 벗어난 정상적인 사람은 존재하지 않는다. 불안을 의식하지 않을 정도로 억압 구조가 약한 보통의 일상적인 사람을 일반인이라고 한다.

2. 히스테리의 발생과 구조

가. 거세를 만난 정신병리

신경증에 대한 정확한 이해는 정신병과 도착증과의 기본적인 차이를 아는 것부터 시작한다. 정신병과 도착증은 신경증의 정신병리 속성을 명확하게 해주는 구조적 특징을 가지고 있다.

인간의 정신적 증상은 매우 복잡하지만, 정신병리의 구조는 크게 세 가지로 구별할 수 있다. 정신병과 신경증 그리고 도착증이다. 이 세 가지 구조를 중심으로 인간은 다양한 정신병리 증상을 나타낸다. 정신병은 조현병, 편집증, 조울증 등으로, 신경증은 강박증, 히스테리, 공포증으로, 도착증은 가학증(sadism)과 피학증(masochism)으로 나타난다.

정신병과 도착증 그리고 신경증은 구조적으로 뚜렷한 차이를 가지고 있다. 이런 차이를 드러내는 핵심 개념은 거세다. 거세는 무엇을 하지 말라는 금지를 상징하고 있다. 아기는 상상계에서 어머니와

합일체라는 근친상
간의 절대 향락 속에
놓여 있다고 인식한
다. 절대 향락은 상
상이 만들어 낸 허구
의 극단적 쾌락에 불
과하지만, 아기는 그
것을 실제라고 믿는
다. 그런데 아버지는
어머니와 아기의 합
일체라는 근친상간
에 대한 준엄한 금지
의 명령을 내리면서
아기에게 최초의 원
억압이 이루어진다.

세 가지 남근(phallus)

남근은 상상적 남근, 상징적 남근, 실재적 남근으로 구분된다. **남근**은 완전성, 충만성, 안정성이라는 대상 a 를 충족시키는 핵심적인 심리적 열쇠며 기반이지만, 상상이 만든 텅 빈 개념에 불과하다.

상상적 남근은 어머니의 결핍된 근원적 욕망을 충족시킬 수 있다는 아기의 상상에 의해 만들어진 남근으로서 허구적 열쇠를 의미한다.

상징적 남근은 대타자의 인정을 받기 위한 것으로 사회의 가치화된 대상을 의미한다. 구체적으로 상징적 남근은 사회적 지위와 명성, 일류대학, 대기업 임원, 프리미엄 아파트, 고급 자동차, 명품 등으로 위장하여 타인의 인정을 추구하는 사회적 남근을 뜻한다. 인간은 자신의 욕망을 채울 수 있는 열쇠가 사회적 남근이라고 착각을 한다. 사회적 남근이 욕망을 채우는 열쇠라는 것은 상상적 허구의 산물에 불과하다. 궁극적으로 인간은 허구의 산물인 남근(빈 구멍)으로 대상 a(빈 구멍)라는 욕망의 원인을 구조적으로 영원히 채울 수가 없다.

실재적 남근은 생물학적 페니스를 뜻한다.

아버지의 근친상간 금지는 아기의 남근(phallus)을 제거할 것을 명령하는 것이다. 남근은 실제의 페니스가 아닌 상상이 만들어낸 허구적 이미지지만, 실재보다 더 실재같이 작동한다. 비록 상상적 남근이지만 인간의 심리 형성에 중추적 역할을 한다. 이런 남근을 제거하는 것을 거세라고 한다. 거세는 은유적 표현에 불과하다. 이 모든 절차는 아기의 상상에서 이루어지기 때문이다.

상상 때문에 이루어진 근친상간을 근원적으로 막는 것은 아기의 남근을 거세하는 것이다. 아기에게 남근은 절대 자유와 무한 쾌락을 부여하는 상상적 열쇠라서 매우 중요한 대상이다. 아기에게 이런 남근의 상상적 거세는 매우 아쉽고 영원히 잊지 못할 순간이 된다.

거세는 절대 자유와 무한 쾌락의 향락을 금지하는 것이다. 거세는 심리학적으로 금지의 다른 말이다. 금지는 무엇을 하지 말라는 억압을 강요하는 명령어다. 자연히 금지는 억압을 낳고 억압은 무의식을 만든다. 억압이 없으면 무의식이 존재하지 않는다. 무의식은 절대 자유와 무한 쾌락의 세계인 잉여 향락을 억압 아래에 가두고 있다. 이런 무의식적 그리움과 아쉬움이 욕망이다. 억압을 통해 무의식이 만들어지고 무의식 때문에 욕망이 탄생한다.

거세는 최초의 원억압이며, 거세를 통해 무의식과 욕망이 만들어진다. 욕망은 무의식적 아쉬움을 채워줄 환상의 남근(상상계의 남근을 대리할 수 있는 상징계의 남근인 짝짓기 대상)을 추구하는 것에 불과하다. 남근을 거세한다는 것은 아기의 오이디푸스 콤플렉스를 끝낸다는 것이다.

아기의 거세는 최초의 억압이며 금지며 질서다. 최초의 금지는 상징계에서 새로운 금지를 만들게 한다. 금지가 금지를 낳으면서 사회적으로 법과 질서가 형성된다. 이러한 거세는 정신병과 신경증 그리고 도착증의 구조를 구분하는 이론적 기반이 된다. 정신병리의 세 가지 구조의 간단한 특징을 살펴보면 다음 쪽의 <표 2>와 같다.

정신병은 거세 실패로 인해 대타자인 아버지의 이름이 폐제(foreclosure)되어 나타난 경우다. 거세 실패는 아버지의 명령인 금지 세계를 수용하지 못해, 법과 질서가 존재하는 현실계라는 아버지 세계인 상징계에 진입하지 못한 것을 의미한다. 대타자인 부권이 폐제되어 법과 질서와 상징이 존재하지 않은 정신병은 근친상간의 금지가 존재하지 않는 거의 동물의 상태다. 아버지와 엄마 그리고 친인척이라는 현실계의 상징이 없기 때문이다.

표 2 정신병리의 세 가지 구조의 특징

구분	정신병	신경증	도착증
거세 여부	거세 실패	거세 성공	불안한 거세
상징계 진입	진입 실패	진입 성공	불안한 진입
대타자 존재	없음	완전한 존재	불안한 존재
욕망 여부	없음	있음	불안한 욕망
무의식 여부	없음	있음	불안한 무의식
억압 여부	없음	있음	불안한 억압
핵심 기제	없음	불안	부인
정신 활동	상상계	상징계	상상계와 상징계의 공존
의식 상태	없음	있음	지각과 의식의 공존
의심 여부	없음	있음	있으면서 없음 (역설)
법과 질서	없음	있음	자신이 만듦
정신 장애	조현병, 편집증	강박증/히스테리/공포증	가학증/피학증

정신병은 거세 실패로 인한 금지가 없어서 억압이 존재하지 않아 무의식과 욕망이 없는 상태다. 무의식과 욕망은 금지로 인한 억압 때문에 발현된다. 현실 세계인 상징계에 진입하지 못한 정신병자는 언어의 의미작용인 은유와 환유를 사용할 수 없다. 정신병자가 언어를 규칙적으로 사용하는 것은 습관적 행위일 뿐이다.

거의 동물의 상태에 있는 정신병자는 주이상스가 넘치는 상상계에 갇혀있기 때문에 우발적인 범죄 행위를 저질러도 죄의식을 느끼지 못한다. 옳고 그름을 분별(금지)하는 죄의식은 상징계에만 존재하기 때문이다.

신경증은 거세를 수용하여 금지의 세계를 받아들이고, 법과 질서가 존재하는 상징계에 진입하여 부권(父權) 활동이 이루어진 경우다. 그러나 신경증은 거세에 의한 금지를 혐오하고 저항하며 거세됐다는 것을 억압한다. 신경증은 법과 질서의 상징계에 원만히 진입했지만, 몸에 맞지 않은 옷을 입은 것처럼 늘 불편함을 느낀다. 신경증의 핵심적인 메커니즘은 불안이다. 신경증의 원초적 불안은 거세 불안에서 시작된다.

신경증자는 거세(=금지)가 없는 상상계에서 자유로운 극한의 쾌락을 느끼다가, 그것을 제한하는 아버지의 금지 명령에 대해 불편함을 느낀다. 신경증자는 아버지의 금지로 인해 자유로운 향락을 무의식 속에 억압시킨다. 인간 주체가 스스로 원해서 억압(=금지)시킨 것이 아니라 무서운 아버지의 강제에 의한 거세로 억압됐기 때문에, 자유롭게 하고 싶은 것을 하지 못하는 불안이 생긴다.

인간 주체는 산과 들에서 자유롭게 뛰놀고 싶지만, 대타자인 아버지는 인간 주체를 사방이 막힌 방에 강제로 감금시킨 것과 같다. 아버지의 억압적인 감금으로 인해 인간 주체는 무의식적 불안 증세인 신경증을 가지게 된다. 무의식 속의 불안은 금지와 억압의 결과며, 억압된 불안 즉 억압의 회귀는 타자의 관계 속에서 꿈, 말실수, 메스꺼움, 통증, 편두통, 현기증 등으로 나타난다.

금지 명령을 내릴 수 있다는 것은 대타자인 아버지가 무서우며 전능한 존재라는 것을 의미한다. 신경증은 절대 자유와 극한의 쾌락을 누리고 싶지만, 금지를 명령하는 무서운 아버지의 눈치를 끊임없이 본다.

신경증은 실질적인 권력을 가진 명령권자인 대타자인 아버지를 강하게 의식한다. 자신이 원하는 것보다 대타자인 아버지가 원하는 것을 따른다. 신경증자는 아버지인 대타자의 욕망에 집착하는 사람이다. 신경증자는 대타자의 욕망을 집착하기 때문에 자신의 욕망을 억제한다.

신경증자는 자신의 향락을 희생하면서 끊임없이 아버지의 비위를 맞춘다. 신경증자는 자기가 하고 싶은 것을 하지 못하고, 대타자인 아버지가 원하는 것을 하는 사람이다. 신경증자는 대타자인 아버지가 만든 금지의 틀 안에서만 쾌락을 추구해야 하며, 아버지 때문에 포기한 자신의 주이상스적 희생에 대해 언제나 보상을 받으려고 한다.

그래서 신경증자는 욕망이라는 위장된 방법을 통해 자신이 포기한 주이상스적 쾌락을 조금이라도 되찾으려고 끊임없이 노력한다. 신경증자는 아버지로 인해 상상계에서 포기한 향락을 상징계의 욕망으로 보상받으려고 한다. 그러나 상상계의 향락을 상징계의 욕망으로 채우려는 것은 그 자체가 불일치하며 불가능한 보상이다.

도착증은 기묘한 구조로 되어 있다. 도착의 핵심 기제는 부인(否認)이다. 도착증은 어머니의 거세를 부인하는 데서 비롯된다. 도착증은 어머니가 남근이 없다는 것을 알면서도, 남근을 가지고 있다고 믿는다. 도착증은 의식적으로 알면서 지각적으로 부인한다. 도착증은 '예'라고 말하면서 동시에 '아니오'라고 대답한다. 이런 역설적 태도는 도착증의 심리 구조를 잘 보여주고 있다.

도착증은 어머니와 동일체로서의 근친상간 향락에 대한 아버지의 준엄한 금지 명령을 받아들이고 현실 세계에 들어왔지만, 실제는 어머니와 나를 완전히 분리하지 못하고 극한의 향락에 집착하고 있는 경우다. 도착증은 아버지의 금지 명령과 어머니의 상상적 향락을 동시에 받아들인다. 도착증은 겉으로는 아버지의 질서 세계에 안착한 것처럼 보이지만, 속으로는 어머니의 무질서적인 자유와 극한의 향락이 넘치는 주이상스의 세계에 벗어나지 못하고 있다. 도착증은 아버지의 질서와 어머니의 무질서가 공존하는 역설적 상황에 놓여 있다.

신경증은 상징계의 금지 명령을 받아들이고 어머니와 분리에 성공했지만, 상상계의 주이상스적 쾌락을 잊지 못하고 미련이 남아 있는 불안정한 상태에 놓여 있는 경우이다. 도착증과 신경증은 아버지의 금지 명령은 모두 수용하지만, 그 차이점은 어머니와 분리에 대한 수용 여부다.

도착증은 상징계의 근친상간에 대한 금지 명령을 받아들이지만, 상상계의 어머니가 주는 근친상간의 절대 쾌락과 떨어지지 못한 경우이다. 도착증은 어머니와 떨어지라는 명령은 받아들이지만, 실제는 어머니와 떨어지지 못하고 있다. 도착증은 상징계에 완전히 진입하지 못하여 상상계에서 존재 의미를 찾고 있다. 도착증은 몸은 상징계에 있지만, 마음은 상상계에 있으며 겉으로는 아버지의 세계인 법과 질서를 지키는 정상적 행위를 하지만, 속으로는 어머니의 세계인 상상계에 놓여 있다.

그런데 도착증자는 무절제한 주이상스를 추구하는 것이 아니라, 스스로 주이상스를 금지하는 거세 자체를 무대화하는 법과 질서를 세워서 쾌락을 얻으려고 한다. 도착증자는 상징계를 지탱하는 미완의 법을 스스로 거세하여, 충만한 어머니의 무질서한 세계인 상상계에서 완전한 법과 질서를 세우려고 한다.

도착증자가 스스로 자신을 거세(=희생)하여 법을 세우는 방법에는 두 가지가 있다. 하나는 스스로 법을 세우기 위해 자신이 입법자와 처벌당하는 피해자의 역할을 동시에 수행하는 가학증(sadism)이 있다. 다른 하나는 자신을 희생하여 도덕적 선과 법의 모범을 보여 주어 타인에게 불안을 조성하여 완성된 법을 세우게 하는 피학증(masochism)이 있다.

나. 혈통이 다른 신경증

신경증은 강박증과 히스테리 그리고 공포증으로 구분된다. 여기서는 일상적인 신경증과 거의 무관한 공포증은 논의에서 제외한다. 개인적으로 강박증은 왕자병에, 히스테리는 공주병에 걸린 사람으로 설명한다. 강박증과 히스테리는 대타자인 아버지가 같은 국왕의 왕족 혈통을 지녔지만, 왕비인 어머니가 다른 정반대의 구조를 가진 혈통을 가지고 태어난다.

강박증과 히스테리의 공통점은 자기가 하고 싶을 것을 하지 못하고 끊임없이 대타자인 아버지의 비위를 맞추는 것이다. 강박증과 히스테리는 대타자인 아버지를 끊임없이 눈치 보고 의식하며 집착한다. 강박증과 히스테리에게 대타자인 아버지는 언제나 두렵고 무서우며 전능한 존재다. 대타자인 아버지는 강박증과 히스테리에 직접적인 영향을 미치는 매우 중요한 존재다.

강박증과 히스테리는 어머니와의 관계에서 정반대의 혈통 구조를 보인다. 강박증은 상상계의 어머니로 인해 무의식 깊은 곳에서 남근이 있다는 과잉 자신감을 가지고 있지만, 히스테리는 남근이 없다는 과잉 열등감을 가지고 있다. 강박증은 자신이 남근을 소유하고 있는 잘난 인간이라서 타인의 눈치를 보지 않는다.

히스테리는 남근이 없는 열등한 존재라서 남근을 가진 선택받는 존재가 되기 위해 타인의 눈치를 끊임없이 의식한다. 히스테리는 자신의 깊은 열등감을 메워 선택받은 사회의 주인공이 되기 위해 상징적 남근을 포기하지 않는다.

이렇게 강박증과 히스테리는 확연히 다른 심리적 기반을 가지고 있다. 강박증은 의식에 집착하지만, 히스테리는 감성에 집착한다. 강박증은 자신(내면)의 눈치를 보지만, 히스테리는 타인의 눈치를 본다.

강박증과 히스테리의 병적인 특징을 비교하면, 강박증은 지나치게 완벽하고, 이성적이며, 논리적이며, 계획적이며, 체계적이며, 질서정연하고, 고지식하고, 양심적이며, 인색하며 그리고 까다로운 성향을 가지고 있다.

히스테리는 감정적이며, 충동적이며, 무책임하며, 무계획적이며, 비논리적이며, 현시적이며, 과시적이며, 퇴행적이며, 산만하고 쉽게 상처받고 변덕이 심하며, 타인의 감정에 대한 배려심이 적고, 자신은 선택받을 주인공이므로 자신보다 타인이 주목을 받으면 심한 질투심과 경쟁심을 느낀다.

남근을 가진 강박증자는 상상계에서 어머니에게 너무 큰 사랑을 받아서 언제나 과잉 자신감을 느끼고 있다. 그는 상상계의 대상 a라는 잉여향락의 절대 쾌락을 어머니의 것이 아니라, 순전히 자신의 것이라고 구성한다. 그는 극한의 즐거움을 주는 대상 a

라는 종합선물을 자신의 주체 내부에서 동화시킨다. 대상 a라는 절대무기를 가진 그는 세상에서 부러울 것이 없으며 타자의 존재와 욕망을 인정하지 않는다. 그는 매우 거만하여 타자의 눈치를 보지 않는다. 그는 타자가 아니라 끊임없이 자신이 중요하며, 자신의 주인은 자기라고 생각한다. 그는 자신이 부족함이 없는 완벽한 주체라고 여긴다.

과잉 자신감을 가진 강박증자에게도 무섭고 두려운 존재가 있다. 대타자인 아버지다. 상상계에서 무한 자유의 절대 쾌락을 느끼고 있는 자신만만한 강박증자도 금지(거세)를 강요하는 아버지를 두려워한다. 상상계라는 무한 자유를 만끽하고 있는 놀이터에서, 대타자인 전능한 아버지가 자신이 만든 금지의 세계인 법과 질서로 구성된 상징계라는 경직된 집에서 살 것을 강요하기 때문이다. 그는 겉으로는 자신감이 넘치지만, 속으로는 대타자인 현실계의 냉정한 아버지의 눈치를 끊임없이 두려워한다.

남근이 없는 히스테리자는 상상계에서 어머니에게 사랑을 받지 못하고, 어머니는 결여된 존재여서 그 자신은 어머니의 부족을 채우는 대상으로 여긴다. 그는 어머니가 자신을 매우 필요한 존재로 생각하며, 동시에 그 자신도 늘 결여된 존재로 생각하여 끊임없이 타자를 의식하며 자신의 존재를 증명하기 위해 노력한다.

히스테리자는 남근의 결여로 인해 강박증자와 달리 심리적으로 깊은 열등 의식에 놓여 있다. 그는 자신의 열등 의식을 메우기 위해 대타자에게 인정받기를 원한다. 그는 끊임없이 대타자를 의식하며 산다. 그는 오로지 타인에게 관심과 사랑을 받고 인정받기위해서 행동한다. 그는 타인에게 관심이 많으며, 타인이 좋아하는 것에 집착한다. 그에게 타인은 거의 신과 같은 절대 존재와 같다.

히스테리자가 타인에게 집착하는 이유는 자신의 열등 의식을 극복하여 타인에게 주목받고 인정받는 사회적 존재가 되기 위해서다. 그는 자신보다 타인이 중요하며, 타인의 결여를 보충하려는 조종과 지배를 통해 사회의 주인인 것처럼 보여주는 현시적 행동을 한다.

강박증자는 충만함으로 가득 찬 대상 a가 자신에게 있다고 믿어서 타인에게 관심이 없다. 히스테리자는 자신의 무의식적 열등 의식을 극복하기 위해 대상 a를 타인에게 둔다. 강박증자는 자신(내면의 대타자)의 눈치를 보지만, 히스테리자는 타인(대타자)의 눈치를 보는 경우이다.

강박증자와 히스테리자는 존재에 대한 다른 질문을 한다. 강박증자는 내가 죽었느냐 살아 있는가에 관해 관심이 있다. 그는 자신이 의식이 깨어 있을 때만 존재감을 느낀다. 그는 무의식 상태를 억압시키고 언제나 명료한 의식 상태를 유지하려고 한다. 심지어 절정의 오르가슴 순간에도 의식을 잃지 않으려고 한다. 언제나 깨어 있는 의식 상태를 유지하려는 강박증은 자신의 주인은 자신이라고 여긴다.

그러나 강박증자의 내면을 지배하는 것은 대타자인 아버지의 금지 명령이다. 그는 무섭고 전능한 존재인 아버지의 눈치를 보며 아버지를 끊임없이 집착한다. 그의 내면에는 아버지를 만족시키는 금지의 기준인 도덕, 가치, 규범이 불편하게 자리 잡고 있다. 그는 자신의 내면에 있는 아버지의 금지 명령에 집착하기 때문에, 대타자인 아버지의 기준에 어긋나면 양심의 가책을 가진다. 그는 아버지의 금지 세계를 넘으면 심리적 증상인 죄책감과 수치감을 느낀다.

히스테리자는 내가 여자인가 남자인가라는 존재론적 질문을 한다. 그는 자신이 결핍되지 않는 아버지처럼 완전한 남자(주인)가 되길 욕망한다. 동시에 그는 대타자인 아버지가 불완전하고 결핍된 존재라고 여긴다.

히스테리자는 대타자인 아버지에 대해 이중적 모습을 보인다. 그는 이미 아버지가 결핍된 불완전한 존재라는 것을 알면서도, 주인인 아버지에게 끊임없이 완벽할 것을 요구한다. 그는 대타자인 아버지가 완전하고 진정한 주인이 되길 갈망한다. 그러면서 주인의 결핍을 폭로하고 주인을 조종하고 지배하려는 역설적 태도를 보인다.

히스테리자는 주인이 결핍된 존재라는 것을 알면서도 주인을 무능하게 하여 그 위에 군림하면서 스스로 주인이 되길 원한다. 예컨대 신에게 선택받은 신자와 같이 자신을 사회에서 선택받은 특별한 존재로 여기는 것과 같다.

히스테리자는 자신이 결핍된 존재라는 것을 감추기 위해 자신의 존재를 증명하려는 현시욕을 강하게 표출한다. 그는 강박증자와 달리 의식이 무의식에 갇혀 있으며, 금지의 세계를 넘으면 혐오감, 불쾌감 등과 같은 감성으로 표출한다. 혐오감과 불쾌감은 자신이 타인보다 우월한 존재라는 것을 상대방에게 알리는 사회적 기호와 같다. 히스테리는 자신이 관심을 받지 못하면, 즉 억압된 것은 신체적 증상으로 회귀한다. 신체적 증상은 꾀병이 아니라 실제 신체적 몸이 직접 아픈 것을 경험하게 한다.

표 3   강박증과 히스테리의 구조적 차이

구분	강박증	히스테리
성별 중심	남성 중심	여성 중심
의존 형태	자기 중심	타자 중심
주요 동력	의식의 왜곡(이성적 · 논리적)	감정의 과잉(감정적 · 충동적)
억압 형태	과잉 자신감(완벽적 · 계획적 · 질서적)	과잉 열등감(무계획적 · 무질서적)
증상 형태	정신적 증상	신체적 증상
성욕 태도	죄책감, 수치감	혐오감, 경멸감
욕망 형태	불가능한 욕망	불만족한 욕망
존재 질문	죽느냐 사느냐?	남자냐 여자냐?

위의 표를 보면 강박증과 히스테리는 정반대의 구조로 되어 있다. 강박증자는 의식적 상태에서 자신의 내면의 주인이 되길 원한다. 강박증자는 자신이 의식적인 상태에 있을 때만 살아 있다고 느낀다. 자신이 주인이므로 타인의 도움이 필요 없다고 생각한다.

히스테리자는 자신을 타자의 대상 a로 위치시킨다. 그는 자신의 욕망을 타자의 대상으로 숨긴다. 관심을 얻기 위한 전략으로 그는 스스로 타자의 기쁨조가 된다. 그가 관심과 인정을 통해 타인을 조종하고 지배하는 것은 궁극적으로 자신이 주인이 되기 위한 것이다.

강박증자는 자신을 완전한 주체의 주인이라고 여기지만, 대타자(초자아, 도덕, 양심)의 기준에 의해 자신의 내면의 불안에 집착하여 강박 장애와 강박 행동을 한다는 점에서 결국은 자신의 노예가 된다.

히스테리자는 대타자를 조종 · 지배하여 주인이 되려고 하는 것은 자신의 결여를 메우려는 방어기제로써 대타자의 관심과 사랑을 끊임없이 갈망하고 집착한다는 점에서 사회(대타자)의 노예가 된다.

다. 타인의 눈치만 보는 히스테리

1) 열등감이 만든 히스테리

히스테리(hysteria)는 그리스어로 자궁을 뜻하지만, 노처녀와 젊은 과부 등이 자궁에 걸린 병을 지칭한다. 프로이트에 의해 히스테리는 처음으로 신체의 병이 아니라, 마음의 병으로 정신분석학의 치료 대상이 되었다. 일반적으로 성적으로 만족하지 못한 신경질적 증상을 가진 여성에게 나타난다고 한다.

히스테리는 여성 중심이지만 남성에게도 히스테리가 있다. 히스테리는 남녀 모두에게 나타나는 심리적 증상이다. 강박증도 구조적으로 남자 중심이지만 여성에게도 나타난다. 심지어 한 사람에게서 특정 부분 대상과의 관계에 따라 강박증과 히스테리가 공존하기도 한다. 병적인 정도에서 차이가 있지만, 인간은 강박증과 히스테리라는 신경증을 조금은 안고 산다. 인간에게 강박증과 히스테리는 구조적으로 피할 수 없는 숙명적인 신경증이다.

히스테리는 여자아이가 클리토리스와 자궁을 가지고 태어나면서 시작된다. 남근과 유사한 클리토리스를 가진 여자아이는 처음에 남성과 같이 어머니를 사랑의 대상으로 여긴다. 여자아이는 클리토리스를 페니스라고 여기지만, 차츰 페니스보다 아주 작다는 것을 알게 된다. 여자아이는 자신의 페니스가 이미 거세됐다는 것을 알게 되어 남자아이와 달리 거세 공포증은 해소되지만, 남근을 가진 남자에게 열등감을 가지게 된다.

여자아이는 클리토리스라는 초라한 가짜 남근을 선사한 어머니를 원망하고 남근을 가진 아버지를 선망하여, 아버지의 아이를 갖고 싶다는 욕망을 가지게 된다. 여자아이는 어머니의 위치에서 어머니를 대신하려고 한다. 즉 여자아이는 남근을 가진 주인(남성)이 되기 위해 대타자인 아버지의 사랑과 인정을 받기 위해 끊임없이 집착한다.

그래서 여성은 남근 결핍으로 생긴 근원적 열등 의식을 남근을 가진 전능한 대타자의 선택(=인정)이라는 대리 만족을 통해 해소하려고 한다. 히스테리는 자신이 선택받은 사회의 주인이 되기 위해 병적으로 타인에게 집착한다. 히스테리는 타인의 욕망을 알기 위해 타인의 입장에서 타인과 동일시한다. 또한 대타자의 사랑과 인정을 받기 위해 타인을 조종하고 공격성을 드러내지만 이에 따른 죄의식을 크게 갖지 않는다.

히스테리는 타인의 관심을 받기 위해, 사랑을 받기 위해, 인정을 받기 위해서 수단과 방법을 가리지 않는다. 히스테리는 자신을 드러내기를 좋아하는 현시욕과 과시욕이 강하며, 정서적으로 연극적인 과장된 표현을 하며 충동적이며 쉽게 상처를 받는다. 히스테리는 자신이 주인공이 되어 모든 관심을 받아야 한다는 집착이 심하여, 타인의 감정을 무시하고 요구가 많다. 히스테리는 정서적으로 불안정하여 신경질적이며 변덕이 심하여 쉽게 울고 화를 낸다. 히스테리는 자신이 사람들에게 관심의 대상이 되지 못하면 심리적으로 불편감을 가지고, 심지어 관심을 끌기 위해 성적으로 외모를 이용하기도 한다. 이 정도는 거의 병적인 수준에 있다고 할 수 있다.

2) 사회의 주인이 되고 싶은 히스테리

여기서는 히스테리를 개인의 병적인 대상이 아니라, 히스테리의 구조적 측면에 초점을 두고 있다. 개인의 병적인 대상보다 히스테리의 구조적 속성은 사회적으로 다양한 확대 해석을 가능하게 해준다. 예컨대 지젝(Žižek)은 자신을 진리의 대리자라고 여긴 소크라테스(Scortes)와 헤겔(Hegel)을 숭고한 히스테리 환자라고 하였다.

우리는 모두 정도의 차이가 있지만, 강박증과 히스테리를 조금은 안고 산다. 단지 우리는 강박증과 히스테리가 사회적으로 두드러지게 나타나지 않기 때문에 무시하며 살고 있을 뿐이다. 언제나 타인을 의식하며, 타인의 인정을 받아 주목받는 사회의 주인이 되고 싶어 하는 히스테리는 그 자체로 사회적인 속성을 가지고 있다. 히스테리는 근원적으로 사회적 성향을 가진다. 히스테리는 사회적인 증후며, 사회적인 병이다.

히스테리의 이해를 높이기 위해서는 그 병적인 증상보다 오랜 역사에 걸쳐 누적된 사회적 성향인 히스테리의 구조적 특징을 주목해야 한다. 히스테리는 대타자의 눈치를 끊임없이 의식하며 집착한다. 히스테리는 대타자의 억압 구조에 의해 태어난 신경증이다. 사회를 의미하는 대타자는 근원적으로 역사성과 사회성을 가지고 있다. 히스테리 양상은 시대에 따른 역사적 억압과 사회적 억압의 구조적 성격에 따라 달라진다. 히스테리는 역사적이며, 사회의 구성에 따라 달라진다. 히스테리는 역사적, 사회적 성격에 따라 그 양상은 달라지지만, 그 본질은 대타자에게 잘 보여서 선택받은 자가 되어 사회의 주인이 되려는 것이다.

강박증도 역사성과 사회성을 벗어날 수 없다. 강박증의 핵심은 대타자에 대한 죄책감이다. 임진수(2011)에 의하면 강박증은 기독교와 함께 시작되며, 아버지의 종교인 기독교와 밀접한 관련이 있다고 한다. 프로이트도 강박증의 본질을 죄책감으로 보면서 그것을 기독교의 원죄와 연결하고 있다고 한다. 내면의 신에게 집착하여 원죄의 죄책감과 도덕적 양심을 의식한다는 기독교 중심의 서구를 강박증 사회라고 할 수 있다. 물론 서구 사회도 히스테리 속성을 가지고 있다. 단지 기독교의 원죄에 대한 죄책감에 집착하는 문화의 경향성으로 인해 서구 사회를 강박증 사회라고 지칭할 뿐이다.

히스테리는 타인을 통해 존재 충만감을 가지며 타인이 없으면 살 수 없다. 히스테리는 타인에게 잘 보이기 위해서, 타인을 이해하고 조종하기 위해서 타인의 입장에서 감정적 동일시를 한다. 결국 히스테리는 사회의 주인이 되기 위해 타인의 관심과 사랑 그리고 인정에 끊임없이 집착한다.

히스테리는 사회적으로 주목받기 위해 타인을 무시하고 혐오하며, 타인을 조종한다. 히스테리는 사회의 우위를 점유하기 위해 타인과 끊임없이 비교, 경쟁하고 공격적인 태도를 가진다. 히스테리는 사회의 주인이 되기 위해 타인을 무시하며 가혹하고 잔인하게 대하여도 크게 죄책감을 느끼지 않는다.

히스테리는 타인과의 관계에 지나치게 신경을 쓰면서, 타인보다 비교 우위에 놓이기 위해 가혹한 경쟁도 서슴지 않는다. 히스테리는 타인의 사회적 성공에 대한 객관적이고 합리적인 기준보다는 감정적이며 일관적이지 못한 기준을 가지고 있다. 히스테리는 오로지 자신만이 사회의 주인으로서 타인의 주목받아야 하므로 타인의 성공에 인색한 평가를 한다. 히스테리는 작은 지위에 있어도 사회의 주인인 것처럼 보여주기의 과시적 태도를 보인다.

히스테리는 일상생활에서도 끊임없이 타인과 비교를 하며, 치열한 사회 경쟁을 주저하지 않는다. 자신을 드러내고자 하는 현시욕과 과시욕도 사회에서 선택받은 주인이 되기 위한 심리적 전략에 불과하다. 히스테리는 사회의 주인으로 인정받기 위해 죽는 순간까지 타인과의 경쟁을 멈추지 않으며, 비교 우위를 점하기 위해서는 언제나 적극적이며 공격적이며 치열한 경쟁적 모습을 취한다. 히스테리는 타인의 관심과 사랑 그리고 인정을 전제한다는 점에서 궁극적으로 사회의 병이다.

히스테리는 사회가 지향하는 성격에 따라 개인의 현시욕과 과시욕의 속성이 다르며, 아울러 타인과 비교하고 경쟁하는 양상이 달리 나타난다. 개인의 히스테리는 사회의 성격에 따라 다양한 모습을 가진다. 개인의 히스테리는 사회 구조의 모습과 유사하다는 것이다. 히스테리는 역사와 사회의 성격에 따라 표현 방식은 다르지만, 일관되게 선택받은 사회의 주인으로 인정받기 위해 노력한다. 히스테리는 사회와 불가분의 관계를 맺으며, 본질적으로 소속된 사회의 속성을 가지고 있다.

따라서 히스테리가 집단의 성격을 주도하게 된다면 히스테리 사회라고 규정할 수 있다. 히스테리 사회는 특별한 개인의 병적인 증후보다 집단의 구조적인 성격에 의해 형성된다. 히스테리 사회는 타인을 민감하게 의식하는 집단의 역사적이며, 사회적인 심리적 경향성을 보여주고 있다. 히스테리 사회는 주인으로서 인정받고 싶어 하는 욕망의 강한 집단적 흐름이다.

참고문헌

강명관(2007). 조선의 뒷골목 풍경. 서울: 푸른역사.

강준만(2006). 한국인 코드. 서울: 인물과 사상사.

강창동(2013). 한국의 교육문화사. 서울: 박영story.

강창동(2016). 시간의 가장자리. 서울: 글나무.

강창동(2020). 한국의 대학입시문화사: 시험의 탄생에서 SKY 캐슬까지. 서울: 박영story.

강창동(2016). 한국의 학력상징계와 라캉의 인정욕망에 관한 연구. 한국교육학연구, 22(4), 33-360.

강창동(2018). Lacan의 관점에서 본 한국의 학력신경증의 구조적 특징 연구. 한국교육학연구, 24(1), 5-30.

강창동(2019). Lacan의 관점에서 본 한국의 학력 도착증의 사회적 현상 연구. 한국교육학연구, 25(2). 1-22.

국사편찬위원회(1995). 한국사 29: 조선 중기의 외침과 그 대응. 서울: 탐구당문화사.

국사편찬위원회(1998). 한국사 30: 조선 중기의 정치와 경제. 서울: 탐구당문화사.

국사편찬위원회(1998). 한국사 31: 조선 중기의 사회와 문화. 서울: 탐구당문화사.

국사편찬위원회(1997). 한국사 32: 조선 후기의 정치. 서울: 탐구당문화사.

국사편찬위원회(1999). 한국사 39: 제국주의의 침투와 동학농민전쟁. 서울: 탐구당문화사.

국제한국학회(1998). 한국문화와 한국인. 서울: 사계절.

권수영(2007). 한국인의 관계심리학. 파주: 살림.

권영필 외(2005). 한국의 미를 다시 읽는다. 파주: 돌베개.

김상환(2002). 니체, 프로이드, 맑스 이후. 서울: 창작과 비평사.

김성일(2018). 청소년의 뇌를 위한 교실 이데아. 김성일 · 김채연 · 성영신 엮음(2018). 뇌로 通하다. 서울: 21세기북스.

김열규 · 김석수 · 박선경 · 허용호(2001). 한국인의 죽음과 삶. 서울: 철학과 현실사.

김은영 외(2016). 영유아 사교육 실태와 개선 방안 Ⅱ : 2세와 5세를 중심으로. 연구보고 2016 – 3. 육아정책연구소.

김주영 외(1984). 한국인의 뿌리. 서울: 사회발전연구소.

김학진(2017). 이타주의자의 은밀한 뇌구조. 고양: 갈매나무.

마틴 메이어(2005). 마틴 씨, 한국이 그렇게도 좋아요? 서울: 현암사.

민주식 외(2017). 동아시아 문화와 한국인의 감성. 서울: 한국학중앙연구원출판부.

민주식 외(2017). 동아시아 문화와 한국인의 미의식. 서울: 한국학중앙연구원출판부.

박성수(2009). 부패의 역사: 부정부패의 뿌리, 조선을 국문한다. 서울: 도서출판 모시는사람들.

박순애 외(2013). 한국사회의 부패: 진단과 처방. 서울: 박영사.

박원순(1998). 부정부패의 현대사. 한국사 시민강좌. 제22집. 102 – 119.

성영신(2018). 악마의 뇌는 프라다를 입는다. 김성일 · 김채연 · 성영신 엮음(2018). 뇌로 通하다. 서울: 21세기북스.

안영섭(1989). 한국사회 증후군: 한국사회의 병리진단. 서울: 전예원.

오주석(2003). 오주석의 한국의 미 특강. 서울: 솔.

유성룡(1604). 김문정 역(2017). 懲毖錄. 서울: 더스토리.

유승무 · 박수호 · 최봉영(2008). 한국사회 과잉과시의 구조적 이해 · 역사적 이해. 동양사회사상. 제17집. 115 – 140.

유승엽 · 염동섭(2012). 한국인의 우쭐과 체면 성향이 명품 제품 태도에 미치는 영향: 명품광고 제작 시사점을 중심으로. 디지털정책연구. 제

10권 제1호. 203 – 213.

이기백 편(1999). 족보가 말하는 한국사. 한국사 시민강좌. 제24집. 서울: 일조각.

이성무(1994). 한국의 과거제도. 서울: 집문당.

이어령 외(2010). 인문학 콘서트 2: 인문학, 한국인을 탐색하다. 서울: 이 숲.

이원재(2011). 과거공부를 알아야 우리교육이 보인다. 서울: 문음사.

이이화(1999). 역사풍속 기행. 서울: 역사비평사.

이인수 · 이무석(2018). 타인의 인정으로부터 자유로워지는 연습: 누구의 인정도 아닌. 고양: 위즈덤하우스.

이종현(2008). 한국 독일 일본의 '과시행위'의 비교연구. 한 · 독사회과학 논총. 제18권 제2호. 161 – 184.

이홍균(2006). 한국인의 사회적 과시와 인정의 사회적 형식. 담론 201. 제9권 제2호. 207 – 244.

임마누엘 페스트라이쉬(2016). 한국인만 모르는 다른 대한민국. 서울: 21 세기북스.

임진수(2011). 부분 대상에서 대상 a로. 서울: 프로이트 라캉 학교 · 파워북.

임태섭 편저(1995). 정, 체면, 연줄 그리고 한국인의 인간관계. 서울: 한나래.

장병인(2018). 법과 풍속으로 본 조선 여성의 삶. 서울: 휴머니스트.

정도언(2018). 숨겨진 나와 마주하는 정신분석 이야기: 프로이트의 의자. 서울: 인플루엔셜.

제프리 존스(2001). 나는 한국이 두렵다. 서울: 중앙 M&B.

주강현(2000). 우리 문화의 수수께끼 1 · 2. 서울: 한겨레 신문사.

지명관(2004). 한국과 한국인: 일본과의 만남을 통하여. 서울: 소화.

천이두(1993). 한의 구조 연구. 서울: 문학과 지성사.

최봉영(1996). 한국인의 사회적 성격 I · II. 서울: 느티나무.

최상진(2011). 한국인의 심리학. 서울: 학지사.

최재석(1989). 한국인의 사회적 성격. 서울: 개문사.

최준식(1997). 한국인에게 문화는 있는가. 서울: 사계절.

최준식(2002). 한국인은 왜 틀을 거부하는가. 서울: 소나무.

최준식(2007). 한국인을 춤추게 하라. 서울: 사계절.

최준식(2016). 한 권을 읽는 우리 예술 문화. 서울: 주류성.

최창석(2014). 〔최창석의 문화파워-한국인의 과시욕〕 한국인은 왜 중대형차 선호하나. CNB JOURNAL. 제375호.

필립 라스킨 외 9인(2010). 세계가 사랑한 한국. 서울: 파이카.

하태균(2018). 어쩌다 한국인. 서울: 중앙books.

한국역사연구회(2001). 조선시대 사람들은 어떻게 살았을까. 서울: 청년사.

한규석(1997). 사회심리학의 이해. 서울: 학지사.

한덕웅 · 장은영 편저(2007). 한국인의 사회비교 심리. 서울: 박영사.

한상권(1998). 조선후기 세도가문의 축재와 농민항쟁. 한국사 시민강좌. 제22집. 83-101.

한상수(2003). 한국인의 신화. 서울: 문음사.

함영준(2006). 나의 심장은 코리아로 벅차오른다. 서울: 위즈덤하우스.

황상민(2014). 한국인의 심리코드. 서울: 추수밭.

윤치호(1883). 송병기 역(2011). 국역 윤치호 일기 Ⅰ. 서울: 연세대학교 출판부.

윤치호(1895). 박미경 역(2015). 국역 윤치호 영문일기 3. 국사편찬위원회 편. 한국사료총서 번역서 3.

張宏杰(2004). 정광훈 역(2005). 중국인은 한국인보다 무엇이 부족한가? 서울: 북폴리오.

小針進(1999). 韓國と韓國人. 고영욱 역(2001). 한국과 한국인. 서울: 이지북.

齊藤明美(2003). 김지은 역(2003). 한국견문록. 서울: 지식여행.

Adler, A. (1928). Menschenkenntnis. 홍혜경 역(2018). 아들러의 인간 이해. 서울: 을유문화사.

Bishop, I. B. (1897). Korea and Her Neighobours. 이인화 역(2012). 한국과 그 이웃나라들. 파주: 살림.

Breen, M. (1998). The Koreans. 김기만 역(1999). 한국인을 말한다. 서울: 홍익출판사.

Crane, P. S. (1969). Korean Patterns. 천사무엘 · 김균태 · 오승재 역(2011). 한국문화 이야기: 외국인의 눈으로 바라본 1960년대 우리의 삶. 서울: 동연.

Dor, J. (1994a). Clinique psychanalytique. 홍준기 역(2005). 프로이드 · 라깡과 정신분석임상. 서울: 아난케.

Elias, N. (1939). Üder den Prozeβ der Zivisation. 박미애 역(2002). 문명화과정 Ⅰ·Ⅱ. 서울: 한길사.

Elias, N. (1969). Die höfische Gesellschaft. 박여성 역(2003). 궁정사회. 서울: 한길사.

Fink, B. (1997a). A clinical introduction to Lacanian psycho−analysis: theory and technique. 맹정현 역(2010). 라캉과 정신의학: 라캉 이론과 임상 분석. 서울: 민음사.

Freud, G. (1955). The Standard Edition of the Complete Psychological Works of Sigmund Freud. 김석희 역(2002). 문명 속의 불만. 서울: 열린책들.

Hofstede, G. (1985). Culture and Organizations: Software of the Mind. 차재호 · 나은영 역(1996). 세계의 문화와 조직. 서울: 학지사.

Honneth, A.(1992). Kampfum anerkennung. 문성훈 · 이현재 역(2011). 인정투쟁. 서울: 사월의 책.

Hussain, T. (2006). Diamond Dilemma. 이세민 역(2006). 다이아몬드 딜레마. 서울: 랜덤하우스중앙.

Nasio, J. D. (2001a). L'Hystérie: on l' enfant magnifique de lapsychanalyse. 표원경 역(2017). 히스테리: 불안을 욕망하는 사람. 서울: 한동네.

참고문헌

Nasio, J. D. (2001a). Enseignement de 7 concepts cruciaux de la psychanalyse. 표원경 역(2017). 정신분석의 근본개념 7가지. 서울: 한동네.

Nisbett, R. E. (2003). The Geography of Thought. 최인철 역(2015). 생각의 지도. 서울: 김영사.

Piel, J. (1998). Corée tempête au Pays du Martin – Calme. 한정석 역 (2000). 한국, 사라지기 위해 탄생한 나라? 서울: 자인.

Pyungwon Kang, Youngsil Lee, Incheol Choi & Hakjin Kim. (2013). Neural evidence for individual and cultural variability in the soical comparison effect. The Journal of neuroscience, 33(41), 16200 – 16208.

Sasse, W. (2013). 김현경 역(2013). 민낯이 예쁜 코리안. 서울: 학고재.

Tudor, D. (2012). Korea: The Impossible Country. 노정태 역(2014). 기적을 이룬 나날, 기쁨을 잃은 나라. 파주: 문학동네.

Vergote, A. (1978). Dette et Désir: Deux axes chrétiens la dérive pathologique. 강성민 역(2009). 죄의식과 욕망: 강박신경증과 히스테리의 근원. 서울: 학지사.

Žižek, S. (2011). Le plus sublime des hysteriques. 주형일 역(2013). 가장 숭고한 히스테리 환자. 서울: 인간사랑.

강 창 동

강원대학교 사범대학 교육학과 교육 학사
고려대학교대학원 교육학과 문학 석사
고려대학교대학원 교육학과 교육학 박사

한국교육과정평가원 선임연구원 및 교육정책연구실장
대통령자문정책기획위원회 교육정책평가전문위원
국무총리자문교육정보화위원회 전문위원
전국국공립대학교교수연합회(국교련) 공동회장
국립 한경대학교 교수회장
(현) 국립 한경대학교 브라이트칼리지 교수

【주요 저서】

한국의 대학입시문화사: 시험의 탄생에서 SKY 캐슬까지(2020, 박영story)
한국의 교육문화사(2019, 박영story, 제3판)
교육사회학의 이해(2018, 학지사, 3판)
시간의 가장자리(2016, 글나무)
지식기반사회와 학교지식(2003, 문음사)

새로운 교육학개론(2020, 학지사, 공저)
한국 교육의 사회학적 이해(1998, 교육과학사, 공저)
교육학개론(1996, 하우, 공저)
교육사회학연구(1990, 교육과학사, 공저)

제2판
우리는 히스테리 사회에 산다: 한국인의 사회적 성격 형성과 과정

초판 발행	2019년 4월 30일
제2판 발행	2021년 3월 1일

지은이	강창동
펴낸이	노 현

편 집	배근하
기획/마케팅	김한유
표지디자인	BEN STORY
제 작	고철민·조영환

펴낸곳	(주) 피와이메이트
	서울특별시 금천구 가산디지털2로 53, 한라시그마밸리 210호(가산동)
	등록 2014.2.12. 제2018-000080호
전 화	02)733-6771
f a x	02)736-4818
e-mail	pys@pybook.co.kr
homepage	www.pybook.co.kr
ISBN	979-11-6519-134-4 93370

copyright©강창동, 2021, Printed in Korea

정 가   14,000원

박영스토리는 박영사와 함께하는 브랜드입니다.